保健医療福祉計画とは何か

策定から評価まで

吉岡京子 編著

法律文化社

はしがき

　地方自治体は，必ずなんらかの「計画」を策定し，それに則って行政運営をしている。地方自治体が政策の一種として策定する計画は，社会情勢等を反映し，数年おきに評価・策定・実行される。計画には，住民の暮らしや健康をより良くしていく工夫が多数盛り込まれており，具体的なサービス（事業）として提供することになる。つまり，計画には，自治体が次の数年間で取り組む課題と，その解決策である施策や事業が網羅的に含まれており，地方自治体にとって道しるべ的な意味を持つ。

　かつて筆者が勤務していた地方自治体では，実際に計画策定の策定作業は，係長級以上の管理職にならないと参画することは難しかった。計画策定が，いかに地方自治体にとって重要な仕事の一つであるかが分かるエピソードである。一職員として勤務していた筆者にとって，計画策定は「雲の上の方々のお仕事」の一つであり，縁遠いものであった。しかし，幸運にも計画策定に関する会議の資料の一部は，全職員にメール配信されていた。配信された資料を読むたびに，筆者は「住民ニーズに即した施策や事業を創るために，計画策定は大切かもしれない」と考えるようになった。

　計画が策定されると，係長から「計画は行政組織にとって重要なものなので，目を通しておくように」と言われた。しかし，実際に計画を読むかどうかは，職員個人に委ねられていた。また，今はホームページから気軽に読める計画も，かつては冊子としてまとめられ，窓際の棚や課長席に立てられていた。このため，計画の冊子を読むという行為自体，気軽にできることではなかった。さらに，現場の仕事は目まぐるしく，日々さまざまなハプニングも発生する。残念ながら，地方自治体の計画を道標として働くことは，十分にできていなかった。

　実際に管理職以外の職員が計画策定の作業に携わるには，その作業を取り仕

切っている「計画策定担当課」に異動することが最も近道である。逆に言えば，異動や昇進の機会がなければ，計画策定のプロセスを経験することすら難しい。また，組織の規模が大きいと，計画を立てる担当者とそれを実行する担当者に分かれる。当然ながら，計画を実行する際の熱の入れ方も異なる。計画は本来住民のためのものなので，行政の一部の担当者だけが頑張って策定・実行するだけでは，実は不十分である。住民や関係機関等が力を合わせて「地域を良くするためにどうすればよいのか」という問いについて皆で考え，実行する必要がある。まさに「地方自治」である。

　本書の読者は，地方自治体の策定するさまざまな「計画」に，なんらかの関心を寄せている方だろう。もしかすると，ご自身が計画策定の当事者として，何かヒントを得たいという方かもしれない。本書は健康増進計画を例として，事務局や具体的な作業を行う担当者が知っておくと役に立ちそうな策定プロセスや留意点，具体的な評価方法を盛り込んでいる。なお，本書の校正作業中に，『国民の健康の増進の総合的な推進を図るための基本的な方針の全部改正について』（令和5〔2023〕年5月31日付）が出された。このため，本書は主に「健康日本21（第2次)」の関連文献を引用していることを申し添えておく。健康増進計画は，さまざまな職種が策定プロセスに関与している。多少異なる点はあるものの，他の分野の計画も同様の手順で策定されている。このため，法律や専門用語等をご自身の担当分野の用語に置き換えることにより，ある程度参考にしていただけると考えている。

　行政が開催する現任研修のテーマに，住民ニーズに基づく施策化・事業化を進めていくための方策について取り上げていただくことがある。筆者は，そのほとんどの研修会で「ご当地システム化」を進める必要性について触れるようにしている。なぜならば，地域の住民や文化に根差した仕組みづくりを行うこと自体が，結果的に住民や関係者自身が健康や生活に関する課題を「自分事」として取り組もうという機運を高める契機になると考えているからである。国が地方自治体に政策を実行してもらう際に，大枠のみ示し，詳細を十分に明記しない場合がある。これは，地方自治体が地域の実態に合わせてある程度アレ

ンジすることを想定しているからである。つまり，地方自治体が独自に策定できる計画は，地方自治を推進するためのツールになると考えられる。

　国際連合の「持続可能な開発目標」(SDGs：Sustainable Development Goals) は，目標達成に向けた取り組みが世界中で行われている。健康と福祉は，その中の１つの目標に位置付けられている。「計画策定は，担当者のやる仕事」とお考えの方に，本書をお読みいただき，地方自治について再考する材料としていただけたら幸甚である。

著者を代表して　吉 岡 京 子

目　　次

はしがき

序　章　自治体における計画策定の意義 ……………………………… 1

1　自治体と計画　1

2　地方分権の進展　3

（1）地方分権前夜　（2）地方分権の動き

（3）自治体は地方分権で変わったのか　（4）自治体の課題

3　計画策定の意義と役割　9

（1）行政計画とは何か　（2）自治体における計画の意義と役割

（3）計画策定と専門職・第一線職員

第1章　計画策定に必要な基礎知識 …………………………………… 19

1　政策と政策過程の捉え方　19

（1）政策概念の多様性と混乱──政策・施策・事業の違いと関係

（2）政策　（3）施策　（4）事業

（5）政策・施策・事業の体系の実情

2　政策と計画体系　27

（1）計画の縦の体系　（2）計画の横の体系

（3）計画の縦横の繋がり

3　計画策定の理想と現実　36

（1）政策と計画の関係　（2）計画策定の望ましい流れ

（3）計画策定の現実的な流れ　（4）新たな計画策定の姿

（5）少しでも改善するための第一歩

第2章　計画策定スケジュール別のポイント ……………………… 47

1　全体スケジュールと必要な手続き　47

（1）健康増進計画を策定する際の全体スケジュール

（2）策定の中心的な役割を果たす事務局

2　策定前年度の下準備——前々年度／前年度に必要な手続き・作業　51

（1）計画策定の根拠となる法律通知の確認

（2）計画策定に必要な会議の立ち上げ

（3）前計画の評価（評価指標の確認を含む）と課題の明確化

（4）策定作業の委託

3　策定年度のスケジュール　57

（1）第1四半期　　（2）第2四半期　　（3）第3四半期

（4）第4四半期

4　策定後のスケジュール　63

（1）策定後の計画の進捗管理　　（2）中間評価の考え方

5　計画策定におけるビジョンの重要性　64

（1）ビジョンはなぜ大切か　　（2）ビジョンをどう作成するか

第3章　会議体の設置と住民との協働の確立 …………………… 73

1　協働体制の確立　73

（1）課内の体制づくり　　（2）庁内の協力体制づくり

（3）関係者間の計画策定に向けた気運の醸成

2　行政内部の会議体設置　77

（1）内部組織（会議体）の立ち上げ準備

（2）決定権限をもつ組織（親会議）の立ち上げ

（3）策定作業を担う組織（作業部会）の立ち上げ

3　外部組織体制の立ち上げ　80

（1）外部組織体制の立ち上げ準備

（2）外部組織体制のメンバー選定と依頼

（3）外部組織体制の立ち上げの手順

4　計画策定における住民との協働　　83

（1）住民との協働のねらい　　（2）住民との協働の方法

（3）住民の役割発揮への支援と住民・行政相互の学び合い

（4）広聴・広報──行政手続きと日常業務

5　庁内外の関係者・住民との協働や調整のコツ　　91

（1）合意形成と合意調達　　（2）合意形成・合意調達のアプローチ方法

（3）協働や調整を円滑にする能力──自己理解・他者理解とコミュニケーション

（4）庁内外の関係者・住民のパートナーシップ

（5）対象に合わせた協働・調整のコツ

第4章　日々の現場の活動や住民の声に基づく政策課題の明確化

　………………………………………………………………… 103

1　日々の実践課題から政策課題へ　　103

（1）政策課題が実践や住民の声に基づく意義

（2）政策課題と実践課題の違い　　（3）実践課題と政策課題の関連付け

2　住民・実践者の声の積極的収集　　107

（1）住民・実践者の声を収集する方法とその特徴・限界

（2）アンケート調査による情報収集　　（3）個別インタビューによる情報収集

（4）グループインタビューによる情報収集

3　住民・実践者の声を活用した政策課題の明確化　　114

（1）量的な調査データの分析と可視化の方法

（2）質的な意見の可視化と活用方法　　（3）政策課題の合意形成

4　保健医療福祉計画に反映すべき課題の優先度判断　　120

（1）優先度判断の視点　　（2）効果・効率性の考え方

（3）実現可能性の考え方　　（4）役割・使命としての課題の重要性の考え方

（5）優先度を決めた後の留意点

第5章　評価指標の策定・実際 ………………………………………… 125

　1　都道府県，市区町村での健康増進計画の策定　　125

　2　地域の健康課題の把握　　126

　　⑴SMR（死因）　　⑵疾患（医療費）　　⑶リスク（健診結果）

　　⑷生活習慣

　3　「健康日本21」における評価　　143

あとがき　　147

人名索引　　151

事項索引　　151

自治体における計画策定の意義

1　自治体と計画

　21世紀になって20年余りが経過したが，世界的には地球温暖化が気候や生態系に与える影響が深刻化したり，各地で戦争や紛争が多発したりするなど，人々の安心・安全な生活が脅かされる事態が続いている。日本国内に目を転じても，地震・津波，風水害などの自然災害に加えて，原子力発電所事故のような重大な人為災害が多発している。そのような困難に直面する世界に追い打ちをかけるように起こった新型コロナウイルス（COVID-19）感染症は，これまでの社会活動や日常生活の根幹を揺るがす事態を生み出した。

　さまざまな問題を抱える現代社会において，人々の安心・安全な生活，さらには快適で健康的な生活を実現することが政治や行政の課題である。特に，人々の生活に直接関わる場面で仕事をする都道府県や市町村は，限られた資源を最大限に活用してその課題に対応することが強く求められている。その課題に応えるためには，最新の知見に基づいた取り組みを計画的に進めていくことが必要になる。そこで，計画を策定して，その計画に基づいて着実に問題解決を図っていくことが一般化した。実際，さまざまな行政計画が存在するが，種類や数が多すぎて既に30年近く前に「計画のインフレ」（新川 1994：236）状態であることが指摘されている。この指摘以降，今日に至るまで，行政計画は増えることはあっても減ることはなかった。

　そもそも，人間が将来を見通して計画を策定すること自体が困難な作業であるが，行政計画の場合は，複雑な社会を対象に計画を作らなければならないこ

とから多くの難しさを孕んでいる。すでに1980年代には，計画を策定する上で時代の変化に即した新たな知的根拠が必要になりつつあることや，社会の変化が急速であったり，これまで経験したことのない出来事が生じるようになったりしているため，計画策定が困難になっていることが指摘されている（Friedmann 1987）。そして上述のように，21世紀はよりいっそう計画策定が難しくなっていると言えよう。

　そこで本書は，人々が健康で安全・安心の生活を営むことに深く関わる健康，医療，福祉に関する計画に焦点を合わせ，その構造や仕組みを知った上で，目的を実現することに有効な計画を策定するための手法や手順，計画策定に必要なスキルなどを検討することを目的にしている。その際に特に関心を持つのは，住民と接し，地域社会の実情に沿った計画を策定しなければならない地方（都道府県や市町村）での計画である。

　ところで，都道府県と市町村は，法律上は「地方公共団体」とされているが，一般的には「地方自治体」とか「自治体」と呼ばれることが多い。用語については，それを使う人の特別の思いや定義に基づいていることに留意しなければならないが，本書では特別の場合を除いて一般的によく使われる「自治体」を使用することにする。なぜならば，一般的であることに加えて，1990年代以降の地方分権の動きを前提に計画策定のあるべき姿を検討しようという思いがあるため，都道府県や市町村を自治の担い手である「自治体」と考えるからである。もちろん「地方自治体」としてもよいのだが，地方自治体を除いて自治体という呼ばれるものは存在しないと言ってもよいので，本書では頻出する用語であることからできるだけ簡略な「自治体」とする。

（1）　「自治団体」という呼称は自治会・町内会などの住民組織に対して使われることがあるが，「自治体」という場合は一般的な国語辞書でも都道府県と市町村を指している。

2　地方分権の進展

（1）地方分権前夜

　近代国家の形成を目指した明治政府が最初に取り組んだのが，経済システム
や政治・行政・法令等の統治システムを整備することであった。そして，この
時に作られた制度や仕組みの多くが，現在の日本の諸制度の基本型になってい
る。その一つに地方制度も含まれる。まず，廃藩置県（1871年）によって都道
府県の基本枠組みが出来あがり，市制町村制（1888年）によって市町村の原型
が出来た。もっとも，明治政府のモデルが欧米諸国にあったとはいえ，市民社
会を目指したというよりも中央集権的な立憲君主国を目指していたと言える。
したがって，地方制度においても府県や市町村という名称こそ変わっていない
ものの，今日のそれらとは実態が大きく変わっているのはいうまでもない。一
方で，日本の地方制度に中央集権的な性格が強いとか，国が地方に対して後見
的に関与することが多いといったことは，明治時代に生まれた国と地方の関係
が残っていることの表れでもある。

　明治以降の中央集権的な地方制度を根本的に変えることが試みられたのが第
二次世界大戦後からしばらくの時期である。1947年に施行された日本国憲法
は，地方自治に関する第8章を設け，92条で「地方公共団体の組織及び運営に
関する事項は，地方自治の本旨に基いて，法律でこれを定める」としている。
この規定に基づき，憲法施行に合わせて47年に地方自治法が施行された。同法
は，住民自治を保証するための制度や仕組みと団体自治を担う地方公共団体に
ついて具体的に規定し，今日の「地方自治の本旨[2]」に基づく地方制度を確立し
た[3]。地方自治に関する基本法であるため，「地方自治の憲法」と呼ばれること
もある。

　地方自治法制定当時は，戦前，戦中の中央集権的な制度を分権化する意図が
明確であったが，その後すぐに集権化に向かう揺り戻しが起こる。たとえば
1950年の改正では，内閣総理大臣・都道府県知事に勧告権が付与され，特別区

（東京23区）長の公選制が廃止された。56年の改正では，地方議会の定例会開会回数や常任委員会の数，都道府県の部局に制限が設けられ，さらに内閣総理大臣の都道府県知事の適正な事務処理の確保措置に関する規定ができるなど，地方の自律性を制約するような内容が増えた。特に高度経済成長期には，国からのトップダウンで全国を開発しようとする動きの中で，集権化が進んだ。限られた資源を有効に配分して急速な経済発展を遂げるという目的のもとでは，集権的システムはそれなりの効果を発揮するのは事実である。経済的な豊かさの実現を目の当たりにした人々が，地方自治の必要性より経済成長に価値を認めるようになったのも想像に難くない。

（2）地方分権の動き

ところが，1990年代に入ると一転して地方分権の機運が高まってくる。低成長の時代に入った日本では，80年代以降は国と地方ともに財政事情が悪くなった。そのため，福祉を中心とした民生部門の支出を削減することを目指した「ポスト福祉国家」が模索されることになった。同時に，急速に進む少子高齢化の進展や東京一極集中の影響で疲弊する地方の再生と活性化が喫緊の課題となった。つまり，高度経済成長期にはあまり問題にされなかった集権的地方制

（2） 憲法は「地方自治の本旨」の具体的内容については何も規定していないため，その意味するところは曖昧である。一般には，一定の地域内の公共の問題解決や公共事務について，住民が主体的に決定し処理する「住民自治」と，一定の地域内の意思決定とその実施を国から独立した団体によって行う「団体自治」からなるといわれている。しかし，大森と大杉が指摘するように，「地方自治の本旨」に当たる英語が「the principle of local autonomy」であることから，「行動選択における断固とした一貫性であり，自主的判断と選択の余地を前提」として文字通り地方が「自律」していること（大森・大杉 2021：64）と考える方が自然な理解ではないだろうか。

（3） 実際には，地方自治法施行の前年である1946年に東京都制，府県制，市制，町村制を改正し，住民の選挙権・被選挙権を拡充，都道長官・府県知事・市町村長の公選，議会の権限強化，議会の解散権を長に付与，選挙管理委員会・監査委員の制度の創設，直接請求制度の創設，市町村に対する許認可事項の大幅整理など，かなりの分権化が進められている。

表序-1　地方分権の背景と理由

背景・理由	具体的内容
中央集権型行政システムの制度疲労	1947年に基本的な枠組ができた地方制度は，分権化と集権化との修正をうけてきたが，これからの時代に対応するためには，根本的に新しい制度に変えていく必要がある。
変動する国際社会への対応	グローバル化やボーダレス化があらゆる部門で進んでいることから，国（中央政府）の役割は外交問題や安全保障などに集中しなければならないため，地方の問題は地方に任せる必要が出てくる。
東京一極集中の是正	東京一極集中を是正する試みはいずれもあまり効果を生んでいないため，政治・行政上の決定権を地方に分散（移譲）することで，社会・経済の東京指向を解消することが必要である。
個性豊かな地域社会の形成	高度経済成長期の一律横並びの考え方から，個性，ゆとりが重視されるようになると考えられるが，それを実現するためには固有の自然・歴史・文化をもつ地方の自律性が必要となる。
高齢社会・少子化社会への対応	住民が必要とする保健・医療・福祉・教育・子育てなどの対人サービスを適切かつ効率的に提供するためには，住民に身近な基礎自治体（市町村）が自律的に活動できることが必要である。

出所：真山（2023）。

度が，直面する諸問題を解決するどころか，悪化させている原因の一つであることが認識されるようになったのである。

　地方分権が進められる理由としては，一般的には表序-1のように整理できる。(4) いずれももっともな理由であり，多くの人が首肯しうるものであろう。しかし，地方分権が登場したのは，「ポスト福祉国家」の模索の中で，国（中央政府）と自治体（地方政府）双方の規模の縮小を目的とした国主導の行政改革が推進されたという時代背景に留意しなければならない。すなわち，もっぱら地方自治の確立と強化を目指したわけではないし，地方からの強い要請が発端になった動きであるとも言いきれない。そのため，地方分権を推進したわりには地方の政治・行政の実態はあまり変わっていないと言わざるを得ない面がある

（4）　地方分権推進員会が示した地方分権が必要となる理由（背景）の捉え方についての筆者の考え方は，真山（2023）143-146頁を参照。

（金井 2007）。

（3）自治体は地方分権で変わったのか

1990年代以降の地方分権によって，地方制度や仕組みが変わったことは事実である。95年の地方分権推進法から99年の地方分権一括法の制定に至る，いわゆる「第1次地方分権改革」では，機関委任事務制度の廃止と事務の再構成，国の関与の抜本的見直と新しいルールの創設，権限移譲，条例による事務処理特例制度の創設などが行われた。「上下・主従」となっていた国と地方の関係を「対等・協力」の関係に見直すことが目指されたのである。また，その後の「第2次地方分権改革」では，地方に対する規制緩和（義務付け・枠付けの見直し），事務・権限の移譲，国と地方の協議の場の創設などが行われた。

地方分権を実現するためには，必要条件（前提条件）と十分条件がある（真山2001）。国に権限や財源が集中した集権的制度のもとで自律的な地方自治を実現するのは非現実的であるため，地方自治が可能な制度に変えていく必要がある。これが必要条件である。上述の90年代の地方分権改革といわれるものは，必要条件を満たすための取り組みであった。一方，新たな地方制度のもとで，自治体の自律性が高まり，それぞれの地方の実態や住民の意向に沿った政策が生まれるなどの実体的変化が生まれることが十分条件である。しかし，90年代以降の地方分権の動きは，国の進めた行政改革の延長上で国と地方の役割の見直しをするという性格が強いことから，そもそも必要条件が完全に満たされたとは言いがたい。そして，十分条件を満たすために重要な役割を担うべき自治体の方も，地方分権で自律性が高まったとの自覚に乏しく，主体的に政策を生み出していこうという意欲が十分にあるとは言えない。つまり，制度面でも実態面でも，地方分権はまだまだ不十分であると言わざるを得ないのが現状である。

とは言え，地方分権の十分条件を満たして，地方分権によって目指された理想の姿を実現する上で，自治体の役割が大きいことは言うまでもない。期待されている役割を果たすためには，自治体にはどのような課題があるかを整理し

ておこう。

（4）自治体の課題

　地方ごとに独自の歴史や文化的背景があり，気候風土も違う。それらの違い
は，そこに暮らす人々の生活実態や社会・経済の実情に地方ごとの違いを生み
出している。公共サービスがそれらの実情や実態に沿ったものでなければ，住
民は，「かゆいところに手が届かない」とか，「必要なことが行われない」といっ
た不満を感じるだろう。前述のように，自治体が重視される最大の理由は，地
方に住む人々がそれぞれ自らの地方の政策を決めることができれば，不満が生
まれにくく，満足感が高まる可能性が大きくなるからである。このような認識
に立てば，自治体の課題は自ずと明らかになるだろう。

　まず，それぞれの地方の実情・実態を正しく把握し，現状での問題点を明確
にする必要がある。問題を解決することこそ政策の最も重要な機能であるの
で，肝心の問題が明確にならないと適切な政策を生み出すことは不可能であ
る。しかし，現状認識や問題の把握は容易なことではない。さまざまなデータ
や情報を駆使しなければならないし，多くの学問分野に関わる理論や学説を参
考にする必要も出てくるだろう。正直なところ，小規模で職員数も限られてい
る自治体にとっては，対応に限界があると思われる。ただ，データ分析や理論
的検証は，専門機関や専門家に依頼することも可能である。つまり，統計資料
などから認識できる現状や問題は，それを把握する責任がすべて個々の自治体
に課せられているというわけではなく，国や広域自治体である都道府県によっ
ても把握することが可能である。また，研究者の調査研究から見出されること
も期待できる。

　では，自治体，特に基礎自治体でなければ捉えきれない現状とか，発見でき
ない問題とは何か。それは，住民の日常生活の中にある不平，不満，不便と
いったまだ数値として統計データなどには表れていない実態である。もちろ
ん，実態を捉える際に，ネガティブな側面だけに注目していればよいわけでは
ない。自治体は，住民が感じている地域に対する誇り，自慢，満足感などのポ

ジティブな側面についても把握する必要がある。なぜなら，ポジティブな思いと現実との間にズレがあると，そこには問題意識が生まれるからである。問題を把握する上では住民のネガティブな思いとポジティブな思いの双方を知っておくことが求められるのである。

　このような自治体独自に捉えるべき現状や問題は，地域社会に入り住民と対面しながら業務をしている自治体職員によって見出される可能性が大きい。なぜなら，住民の意識や感覚は，必ずしも言葉として発せられるわけではないので，毎日のように地域を見つめ，住民と対話することでしか把握できないことが多いからである。自治体職員には，住民の声なき声を見つけ出し，誰もが分かるような形の言葉に変換する役割を果たすことが期待されていると言える[5]。残念ながら，これまでの自治体および自治体職員は，これらの役割についての認識が十分ではなかった。それゆえ，日常業務の中で問題発見をするような体制が整備されず，問題発見のためのスキルを向上させる取り組みも充実していなかった。そこで，自治体職員に期待されている役割を遂行するために欠くことのできない意識の醸成やスキルの向上が，現代の自治体の緊急かつ重要な課題となっているのである[6]。

　もちろん，問題を明確にしただけでは意味がない。自治体はその問題解決を図らなければならい。つまり，具体的に政策を立案し，その政策に基づいて施策の体系を構築し，具体的な活動内容を定めた事業を企画する一連の政策形成を進めていかなければならない。さらに，政策は作っただけでは絵に描いた餅であるため，実施しなければならない。具体的には事業を執行することが必要になる。もっとも，日本の自治体は以前から多くの事業を執行してきた経験と実績があることから，事業が決まればその後の執行についてはそれほど心配し

（5）　地域や住民の中にある声なき声を政策に繋いでいく自治体職員の役割や能力に関しては，堀田（2021）を参照。
（6）　問題発見能力についての検討やその能力の向上の必要性は本書の目的の中心ではないので，これらの点についての詳細については，さしあたり真山（2001）を参照。

なくてもうまく進められる可能性が高い。

　自治体がどのような問題を取り上げ，それをどのように解決していこうとするのかを示す手段として，条例を制定したり，予算に反映させたりすることが知られているが，計画という形で示すことも少なくない。そこで，次に自治体における計画策定の意義や役割について検討しておこう。

3　計画策定の意義と役割

（1）行政計画とは何か

①管理のためのツール

　計画の辞書的意味は「物事を行うに当たって，方法・手順などを考え企てること。また，その企ての内容」（『広辞苑［第7版］』）である。そして，行政における計画についての代表的な定義は，「未来の複数または継起的な人間行動について，一定の関連性のある行動系列を提案する活動」（西尾 1990：195-196）と考えてよいだろう。つまり，計画は，将来にどのような行動（活動）を行うかをあらかじめ定めて，それを明示する役割を持っているという点では，辞書的意味とさほど大きな違いはないと言える。

　ただ，行政の計画には，目的や目標を設定し，その目的や目標を達成するための諸手段を示すとともに，それらを総合化（調整）する機能も求められる（西尾 1972）。なぜなら，行政組織は果たすべき役割を安定的かつ継続的に遂行するために，また組織の管理を容易にするために，業務間や組織間の調整を行う仕組みやルールが必要になるからだ。

　1930年代の伝統的な行政研究の時代から，行政管理の主要な機能として計画（Planning）が重要視されていた。計画を策定することによって，管理が確実かつ容易になることに注目した結果である（Gulick & Urwick 1937）。組織における計画の持つ機能ということに着目すれば，必ずしも「計画」という形態（名称）を採らなくても「基本方針」，「大綱」，あるいは「戦略」であっても構わない。実際，国を中心に「基本方針」を定めることが増えている（松井 2017）。とは

言え，「基本方針」はもとより「戦略」などは，それ自体が概念として曖昧であるため，使い方に統一性がないことに加えて，自治体の第一線で具体的な業務を遂行する上では，基本方針だけでは役に立たないという問題がある。このため，より具体的に活動内容を示し，事業を体系的に整理した計画が必要とされているのが一般的である。そこで，本章では計画について検討する。

1930年代に隆盛を極めた上述の伝統的な行政研究を厳しく批判したH・サイモンらは，組織は安定的かつ継続的に活動するために，組織における行動を可能な限りプログラム化あるいはルーティン化することを指摘した（March & Simon 1958）。このような指摘に対しても，計画は有意義な存在である。自治体が数多く策定している計画は，将来にわたって，いつ，誰が，何を，どれだけ，どのように行うかを定めている。したがって計画は，①組織メンバーが組織の使命を理解し，今後の活動をあらかじめ知ることができる，②組織の活動目標が明確になり，その目標が達成されているかを評価することが可能になる，そして③その結果として，進行管理や組織メンバーの活動などの管理が容易になることなどから，プログラム化の機能を有しているのである。つまり，計画を策定することによって，組織はその計画に定められた業務を遂行すればよくなり，典型的なプログラム化の手段と言える。もっとも，計画が担う役割は，現在のルーティン業務の処理方法を示すことではなく，将来の業務のあり方や進め方を示すことにあるため，ルーティン化に直接資するものではない。

管理プロセスとしてよく知られているPDCA（Plan-Do-Check-Action）において，計画が文字通りのPlanに当たるというのは言うまでもないが，計画はDoを方向付け，Checkの基準にもなっている。そして，Actionは計画の見直し，改訂が主要な活動内容になるだろう。つまり，PDCAサイクル全体にとって，計画が存在することに意味があるのである。このように，計画の持つ重要な役割として管理機能があることが分かる。

②政策・施策・事業の提示

計画は管理のためのツールというだけでなく，自治体の政策，施策，事業の内容を住民や行政組織などに対して公示（宣言）する機能も持っている。計画

の種類や政策・施策・事業の違いなどについては第1章で詳しく論じるので，ここでは公示機能の概略だけを述べておく。

　計画には全体像や基本方針，理念，目的などを中心とした総合的・基本的なものと，実際に行う取り組みを体系的に整理した個別的・具体的なものとがある。したがって，総合計画や基本計画は，国や自治体として想定している将来像（理想）を示したり，どの問題の解決に優先順位を与えるかを宣言したりする役割を担う。この役割は計画だけの特徴ではなく，法律・条例，大綱，あるいは基本方針などでも行われる。

　一方，事業計画や実施計画などでは，誰が，いつ，どのように活動して，具体的にどのような効果を生み出すかを明示する機能を担うことになる。何をどれだけ行うかということを明示するという点では，予算にも同じ機能がある。むしろ，予算の方が具体的で明確かもしれない。ただ，予算は年度単位であり，計画のように中長期的な活動内容を示すことが難しい。したがって，計画で当面の事業内容を定め，それを毎年度の予算で裏付けるという関係になる。もっとも，予算の方が計画よりも実効性が強いため，計画に書いてある事業であっても，予算化されない場合には事業実施が保留ないし先送りになることもある。

（2）自治体における計画の意義と役割

　計画一般の意義については，前項において既に触れたので，ここでは自治体における計画のもつ意味や役割にポイントを絞って検討しておく。

　自治体が策定している計画には，なんらかの法律の規定に由来があるものと，自治体がまったく独自に策定しているものがある。地方分権の時代にあっては，国から命じられたり依頼されたりして計画を策定することはあまり望ましいことではない。本来は，自治体がそれぞれの地方の実情や必要に応じて独自の計画を策定することが求められている。しかし，実態としては，表序−2のように多くの計画が法律の由来を持っている。

　まず，法律によって策定が義務づけされている計画の場合，自治体にとって

表序-2　法律が求める自治体での計画策定の状況（2020年12月末現在）

計画策定の規定	都道府県	市町村
義務付け規定	157条項	112条項
努力義務規定	61条項	50条項
「できる」規定	143条項	125条項

出所：内閣府資料（内閣府地方分権改革「計画の策定等に関する条項について（2022年2月28日差替）」 https://www.cao.go.jp/bunken-suishin/doc/r03/joukou_seiri_0402.pdf）を基に筆者作成。

は意味があるかどうかとは関わりなく策定せざるを得ないのは言うまでもない。文字通り義務になるため，国が地方に策定を命じるのは地方分権の趣旨には沿わないが，実際には少なくないどころか微増傾向にすらある。このことは，現在の地方分権推進を担っている内閣府の地方分権改革有識者会議でも，計画策定によって地方の負担を増やしていることが問題にされている。

　義務ではないが，法律が自治体に対して計画策定に努めるように求めている「努力義務」規定も少なくない。一般には「策定するよう努めるものとする」というような規定になっている。そして，地方への関与がさらに緩やかになるのが「できる」規定である。条文上は「計画を作成することができる」というような表現になっている。努力義務の場合であれば，計画を策定する余裕があるとか計画の必要性を強く認識している場合は策定すればよいが，そうでなければ無理をしてまで策定しなくてもよいことになる。「できる」の場合は，自治体の自由度はもっと高まることになる。

　しかし，実態として自治体に策定の自由があるかというと，それはかなり疑問である。なぜなら，法令の規定あるいは運用によって，計画を策定することが財政支援（補助金，交付金等）の要件とされていることが少なくないからである。内閣府の資料によると，努力義務規定のうち約3割，「できる」規定のうち約7割が財政支援と関連付けられている。つまり，財政が厳しい自治体にとっては，国からの財政上の支援が不可欠な要素となっているため，実質的に

は計画を作らざるを得ないのが現実なのである。もちろん，補助金の場合はその使途が限定されていることから，特定の補助金を受けるかどうかの判断は，自治体が直面する課題によって分かれるところである。ところが，交付金の場合は自治体での使い方にある程度の自由度が認められていることから，できれば獲得したいと考えられがちである。

　近年で大規模な交付金が用意されたものとしては，「地方創生」の例がある。この場合は「まち・ひと・しごと創生法」（平成26年法律第136号）で自治体に「まち・ひと・しごと創生総合戦略」という名称の計画を策定することが努力義務として定められている。努力義務にもかかわらず，全都道府県と市区町村の99.8％が策定した（内閣官房・内閣府総合サイト地方創生「地方人口ビジョン及び地方版総合戦略の策定状況」https://www.chisou.go.jp/sousei/about/chihouban/sakuteijoukyou.160419.pdf〔2023年5月4日閲覧〕）。交付金や補助金の要件になれば，自治体としては計画を策定しないという選択肢はないも同然になるのである。

　参考までに，厚生労働省が主管している法律で，自治体に計画を策定することを直接，間接に求めているものを整理したのが表序−3である。

　表序−3の例示も含めて，ここでは計画の「策定」にのみ注目しているので，計画内容で国等の基準や指針に従うことを義務づけしているかどうか，計画の変更や改訂あるいは運用における国との「同意」や「協議」などの義務づけをしているかどうかについては考慮していない。実際には，このような国の関与が非常に多く，自治体の計画に対する自律性と自由度はかなり制限されている。

（3）計画策定と専門職・第一線職員

　地方分権が推進されてきたにもかかわらず，自治体での計画策定の多くが，国の指示や誘導に従い，国の基準やマニュアルに沿って策定され続けられていてよいとは誰も思っていないだろう。特に保健医療福祉に関わる分野は，生活実態や地域特性などを考慮した独自の計画が策定されるべきだ。そこで，自治体に期待される計画の策定にとってとりわけ重要と思われる要素を以下に指摘

表序-3　厚生労働省単独所管法における市町村計画等の策定に関する規定の例

計画策定の基になっている法律名		条	項	該当する計画等の名称
義務	児童福祉法	33-20	1	市町村障害児福祉計画
	障害者の雇用の促進等に関する法律	7-3	1	障害者活躍推進計画
	障害者の雇用の促進等に関する法律	38	1	対象障害者の採用に関する計画
	障害者の雇用の促進等に関する法律	48	1	特定身体障害者の採用に関する計画
	老人福祉法	20-8	1	市町村老人福祉計画
	高齢者の医療の確保に関する法律	125-2	1	基本的な方針
	介護保険法	117	1	市町村介護保険事業計画
	ホームレスの自立の支援等に関する特別措置法	9	2	実施計画
	次世代育成支援対策推進法	19	1	特定事業主行動計画
	障害者の日常生活及び社会生活を総合的に支援するための法律	88	1	市町村障害福祉計画
	自殺対策基本法	13	2	市町村自殺対策計画
	国等による障害者就労施設等からの物品等の調達の推進等に関する法律	9	1	障害者就労施設等からの物品等の調達の推進を図るための方針
努力義務	社会福祉法	20		指導監督を行うために必要な計画
	社会福祉法	106-5		重層的支援体制整備事業実施計画
	社会福祉法	107		市町村地域福祉計画
	成年後見制度の利用の促進に関する法律	14	1	市町村の区域における成年後見制度の利用の促進に関する施策についての基本的な計画
できる	児童福祉法	56-4-2	1	市町村整備計画
	高年齢者等の雇用の安定等に関する法律	34	1	地域高年齢者就業機会確保計画
	地域雇用開発促進法	6	1	地域雇用創造計画
	地域における医療及び介護の総合的な確保の促進に関する法律	5	1	市町村計画
	次世代育成支援対策推進法	8	1	市町村行動計画

注：①厚生労働省が単独で所管している法律のみを抽出しているため，他府省庁と共管している法律に基づく計画は含まれない。たとえば，子どもの貧困対策についての市町村計画は，「子どもの貧困対策の推進に関する法律」によって策定が努力義務となっているが，同法が内閣府，文部科学省，厚生労働省の共管となっているため，この表には含まれない。
　　②政令指定都市のみに適用される条項も含まれている。
出所：内閣府地方分権改革「計画の策定等に関する条項一覧表（令和3年12月末時点）」（https://www.cao.go.jp/bunken-suishin/gimuwaku/gimuwaku-index.html（2023年5月4日閲覧））に基づき筆者作成。

しておく。

　前述のように，地方分権が進むことにより，自治体がそれぞれの地域の住民ニーズや実情を的確に把握して，地域の問題解決に資するような政策を生み出すことが必要である。そして，その政策を実施して，実際に地域の暮らしにおける安全・安心を確立し，地域経済を持続可能な形で維持・発展させなければならない。その際の理念や方針と具体的な取り組みを体系的に表すのが計画である。

　計画策定というと「企画・立案」の側面が目立ちがちだが，大切なことは現状認識と問題把握である。したがって，自治体の計画策定においては，住民生活や地域の社会・経済の実態を正しく把握する必要がある。そのためには，常日頃から住民や地域に直接関わりを持ちながら業務に当たっている第一線の職員の役割が重要になる。なかでも専門職の人たちは，専門性をもって実態を見ることができるので，一般の人が気付きにくい実態を把握できる可能性が大きい。たとえば，自治体の行政保健師は，公衆衛生看護学を学ぶ中で「地域診断」の理論と技術を身につけているはずである。この地域診断は，公衆衛生看護の専門性の視点から個人，家庭，地域の問題を発見するものであるが，その活動は地域の実情や問題を発見することに繋がる。企画・立案にのみ注目すると，計画策定は，企画調整部門や政策部門の役割であるとか，権限を持っている役職者の役割であると思われがちであるが，実態に即した正しい現状認識や問題把握ができていないと，住民や地域社会にとって意味のある企画はできないだろう。したがって，専門職や第一線職員が，計画策定の初期段階から積極的かつ主体的に関わる必要がある。

　一方で，計画の重要な機能として，誰が，いつ，何を，どのように行うかを示すことがある。実施計画を中心に，具体的な事業内容を示すわけであるが，このような具体的取り組みについても，現場の実態を十分に考慮しなければ予定通りの実施が困難になったり，十分な効果が発揮できなくなったりする。最悪の場合，実施不能に陥ることもある。その意味でも，現場のことをよく知っている専門職や第一線職員が，計画策定にしっかり関わる必要がある。

このように，専門職や第一線職員が計画策定に関わるためには，計画を策定する時だけ意識を持てば足りるというわけにはいかない。日常業務の中で，常に地域の実態をよく見つめ，業務の対象者（クライアント）はもとより，さまざまな住民とのコミュニケーションを十分にとっておかなければならない。また，計画の策定プロセスや手続についての知識がないと，計画策定過程の中で，いつ，誰に情報を提供すべきかが分からず，せっかくの第一線の経験や専門職としての知見を計画に反映させるチャンスを逃すことになる。したがって，法令や行政手続などを含めた計画策定についての知識を身につけておくことも重要である。また，行政職（事務職）と専門職は互いに日常的なコミュニケーションを欠かしてはならない。

参考文献

大森彌・大杉覚（2021）『改訂版 これからの地方自治の教科書』第一法規。

金井利之（2007）『自治制度（行政学叢書3）』東京大学出版会。

新川達郎（1994）「自治体計画の策定」西尾勝・村松岐夫編『政策と管理（講座行政学4）』有斐閣。

西尾勝（1972）「行政と計画」日本行政学会編『行政計画の理論と実際』勁草書房。

西尾勝（1990）『行政学の基礎概念』東京大学出版会。

堀田和之（2021）「苦情を政策情報に変える自治体職員のあり方」『行政苦情救済＆オンブズマン：日本オンブズマン学会誌』29，47-57。

松井望（2017）「『基本方針による管理』と計画化──総合戦略と総合計画を事例に」『公共政策研究』17，40-51。

真山達志（2001）『政策形成の本質──現代自体の政策形成能力』成文堂。

真山達志（2023）『行政は誰のためにあるのか──行政学の課題を探る』日本経済評論社。

Gulick, L., & Urwick, L. (Eds.) . (1937) *Papers on the Science of Administration*, NY: Institute of Public Administration.

Friedmann, J. (1987) *Planning in the Public Domain: From Knowledge to Action*, Princeton.

March, J. G. & Simon, H. A. (1958) *Organizations*, Wiley. (＝土屋守章訳『オーガニゼーションズ』ダイヤモンド社，1977年)

内閣府地方分権改革「計画の策定等に関する条項について（2022年2月28日差替）」。

https://www.cao.go.jp/bunken-suishin/doc/r03/joukou_seiri_0402.pdf（2023年5月3日閲覧）

内閣府地方分権改革「計画の策定等に関する条項一覧表（令和3年12月末時点）」。https://www.cao.go.jp/bunken-suishin/gimuwaku/gimuwaku-index.html（2023年5月4日閲覧）

内閣官房・内閣府総合サイト地方創生「地方人口ビジョン及び地方版総合戦略の策定状況」。https://www.chisou.go.jp/sousei/about/chihouban/sakuteijoukyou.160419.pdf（2023年5月4日閲覧）

（真山達志）

第1章

計画策定に必要な基礎知識

1　政策と政策過程の捉え方

（1）政策概念の多様性と混乱——政策・施策・事業の違いと関係

「政策」という用語は政治や行政の世界では珍しいものではない。しかし，自治体の日常的な行政実務ではあまり使っていない。つまり，馴染みがあるようでないような，微妙な用語なのである。政策に類似した用語として施策とか事業があるが，むしろこれらの用語の方が登場頻度は高いと思われる。そこで，政策・施策・事業の違いや関係を整理することから始めることにする。[1]

　そもそも政策・施策・事業を明確に使い分けていない自治体も少なくない。そのため，どう違うのか，区別をどのようにするのかが混乱しているのが現状である。たとえば自治体の総合計画では，「政策」ではなく「基本目標」「基本方針」「重点的な取り組み」などと表記されていることが多い。基本構想の中では，政策に相当する概念として「基本施策」という表記すら見受けられるため，「政策」と「施策」に違いがあるのか疑問に思えてくる。少なくとも，現状では使い方や意味にバラツキがあることから，これらの用語を使うときには一定の注意が必要である。

　類似した単語が，人や場所によってばらばらな使い方をされている現状は，混乱や誤解を生むことになる。たとえば，政策決定や政策形成といっても，具

（1）　政策の概念や政策・施策・事業の区別については拙稿（同志社大学総合政策科学研究科編 2005：67-87）も参照のこと。

体的に何を決定するのかということについて共通理解がないと，話が通じなくなってしまう。これでは，不便を通り越して，自治体の活動に支障を来す恐れがある。そこで，それぞれに固有の意味を与えた方がよい。ここでは，自治体を中心に行政実務での使い方の一般例にできるだけ近い定義をしておく。

　まず一般的な政策・施策・事業の整理を見てみよう。ただ，以下の整理はあくまでも政策・施策・事業の３種の用語をセットで使う場合の一般的な用法に基づいている。単独で使う時には明確な使い分けが存在するわけではないことは上述の通りである。

（２）政　策

　政策は，辞書的には英語の Policy に当たるものであるが，国または自治体として一定の分野や問題についてどのような方針と理念で取り組むのかを示すもので，内容としてはどうしても抽象的になる。いわゆる理念，ビジョン，基本方針などが含まれているものを指す。国レベルで「外交政策」という場合，「東アジアの平和と安定のため，日米同盟を基軸に国際社会との協調を重視した外交を進める」という基本方針のようなものが相当する。いつ，どの国と何について交渉するかなどの具体的な内容はまだ明確にはなっていないが，この政策を打ち出すことによって，東アジアの平和と安定を重視していること，そして「一国主義」や「自国優先主義」のような周辺諸国や国際社会を無視した外交は行わない（行えない）ことを表明している。抽象的で意味がないようにも思えるが，政策が対象とする分野の諸活動を方向付ける意味で重要な役割を果たしていることも見逃せない。

　本書の主たる関心である自治体の「健康政策」であれば，総合計画の中に見られる「全ての住民が心身の健康を保ち，生涯にわたって健康に過ごせるよう，主体的に健康づくりに取り組むことを支援する」というような表現が政策に相当する。この例は政策として十分な内容とは言えないが，少なくとも生涯にわたる健康づくりが政策課題であること，健康づくりの主体は住民自身であること，そして行政の役割は支援が中心であるという基本的な認識や考え方を

示している。

　政策は，社会に存在する諸問題の中から何を取り上げ，どのように取り組むのか，そして結果としてどのような効果を生み出すのかを明らかにする役割を担っている。政策をこのように捉えると，自治体の政策には少なくとも，①自治体として取り上げる問題は何か（問題認識），②問題を解決した結果としてどのような状態を目指すのか（政策課題ないし政策目標），③その状態を実現するための取り組みの基本方針，優先順位，各主体の役割分担など（基本的枠組み）を示す必要があるだろう。しかし，現実にはこのような3つの要素を含む理想的な政策を見かけることはほとんどないため，自治体として本来の意味での「政策」を生み出すことが今後の課題である。

（3）施　策

　政策課題（政策目標）を実現するためにはさまざまな取り組みが必要になる。その「さまざま」の内容を明らかにする役割を担うのが施策である。

　「健康政策」における施策としては，たとえば健康増進計画を参考にすると表1-1のような記述が該当する。大きくは4つカテゴリーからなっており，それぞれにおいて重要となる取り組みが何であるか，それらを誰がどのような考え方（方針）で取り組むかなどについて示している。大半は健康増進に直接関わるような施策が並んでいるが，(1)における学校教育や，(4)に見られるスポーツやレクレーションなど，異なる分野においても健康増進に関連付けた取り組みが必要なことを示している場合がある。

　このように施策を体系的に示すことにより，健康政策分野内における取り組み方を示すだけでなく，関連する他の政策分野の取り組みがどのように関わっているか，あるいは関わるべきかを明示することができる。政策のもとにしっかりとした施策の体系が構築されていれば，具体的な取り組みとしてどのような事業をやればよいのかを示唆することとなり，また多くの事業の相互補完関係や優先順位などが明確になるだろう。

表1-1　健康増進にかかる施策の体系例

(1)生活習慣及び社会環境の改善
健康増進の基本要素となる栄養・食生活，身体活動・運動，休養，飲酒，喫煙及び歯・口腔の健康づくりに視点を置いた生活習慣の改善に向けた働きかけを重点的に行う。また，健康に影響を及ぼす社会環境の改善が必要であることも踏まえて，家庭や地域，職場等を通じて住民に対する健康増進への働きかけを進める。さらに，学校教育を通じて子ども時から健康に対する意識を高める取り組みを行う。
(2)主要な生活習慣病の発症予防と重症化予防
がん，循環器疾患，糖尿病及びCOPD（慢性閉塞性肺疾患）を中心とする非感染性疾患（NCD）に対処するため，食生活の改善や運動習慣の定着，喫煙が及ぼすがんやCOPDなど生活習慣病の理解の促進など，一次予防に重点を置いた対策を推進する。
(3)社会生活を営むために必要な機能の維持・向上
住民が自立した日常生活を営むことを目指し，乳幼児期から高齢期まで，心身機能の維持，向上につながるメンタルヘルス対策など，「こころの健康づくり」に取り組む。
(4)健康を支え，守るための社会環境の整備
行政のみならず，社会全体として，個人の健康を支え，守る環境づくりに努めることを目指し，スポーツ・レクリエーション活動を含む住民の健康づくりを支援する住民団体，企業，民間事業者・団体の取り組みを総合的に支援する。

出所：筆者作成。

（4）事　業

　事業は，特定の施策の中に含まれる具体的な取り組みのことである。行政の仕事で一番馴染みがあるのがこの「事業」である。政策や施策は抽象的な概念にすぎないとも言えるが，この事業は実際の行政活動や公共サービスの提供活動の内容を定めているので，住民にとってもきわめて重要である。実のところ，政策や施策に関心を持つ人は少ないが，事業については利害関係も絡んでくるため，多くの人や組織が関心を寄せる。

　通常は文字通り「○○事業」という名称が付いており，予算もこの事業を基準に編成されている。したがって，予算書を見ると事業がある程度までは一覧的に分かる。健康政策に直接関わる予算上の「衛生費」のカテゴリーに含まれる事業としては，表1-2のようなものが例示できる。ただ，予算書から情報を得るときにはいくつかの注意が必要になる。

　近年では事業の執行を民間委託するケースが増えているため，予算書上は

表1-2　自治体予算書の「衛生費」に見られる健康政策関連事業例

類　　型	具体的事業例
施設設置運営関係	保健センター施設維持管理事業 0次予防センター施設維持管理事業
健診・検診関係	妊婦健診事業 乳幼児検診事業 がん検診事業 肝炎ウイルス検診事業 後期高齢者健康診査事業
指導・相談関係	健康増進事業 母性育成指導事業 子ども発達相談事業 産後うつ対策事業
疾病（予防）対策関係	感染症予防対策事業（予防接種事業等） 結核予防対策事業 小児慢性特定疾病対策事業 がん対策推進事業 受動喫煙防止対策事業
補助・助成関係	感染症医療療養費事業 不育症治療費助成事業 未熟児養育医療給付事業 総合保健対策事業（ドナーに対する助成，看護専修学校等運営費補助金）
その他調査等関係	食環境整備事業（国民健康・栄養調査業務，計画策定時のアンケート調査費）

出所：筆者作成。

「○○事業」と表記されず「○○委託料」となっていることが少なくない。執行を民間委託したとしても，自治体としての事業であることには変わりない。また，事業の単位が曖昧であるため，自治体によって一つの事業として把握する範囲が異なることもある。表1-2の下部にある「総合保健対策事業」の場合，予算書上は「総合保健対策事業」となっているが，その中には「ドナーに対する助成事業」や「看護専修学校等運営費補助事業」が含まれている。つまり，事業の中に事業があるケースも存在する。

　より重要な注意点としては，健康政策という枠組で予算の体系ができている

わけではないので，前述の施策のところで例示したような食育を担当する学校教育とかスポーツ・レクレーションに関わる活動に関する予算は，まったく別のカテゴリーに計上されている。また，健康との関わりでは健康保険や介護保険が重要になるが，ここでは一般会計のみに限定して話をしているために，特別会計で処理されている保険などは見えなくなってしまっている。

　このように，政策に関係する事業を網羅的にリストアップすることは容易ではない。それゆえ，施策を体系的かつ明確に設定することが，どのような事業が関係しているかを整理したり，理解したりすることに繋がるだろう。

（5）政策・施策・事業の体系の実情

　ここまでに説明した政策・施策・事業の体系が実際にはどのようになっているかを示すと図1-1のようになる。この図では，一般的な市町村（基礎自治体）の例として，滋賀県近江八幡市の総合計画に示されている「暮らしやすい地域社会づくり」に関連する「保健・福祉・医療・人権」分野の記載を例示している（近江八幡市 2019）。

　左側の「政策」（実際の計画では「政策」ではなく「目標」となっている）では，理念や目指すべき理想，あるいは基本的な取り組みの方向性が示されている。ただ，前述のように政策に盛り込んでおくべきとした3要素（①問題認識，②政策課題・政策目標，③基本的枠組）をすべて含んでいるわけではない。

　次の「施策」で，どの分野でどのような取り組みを進めるかを示している。この例では，政策で示した理想を実現することに関連するものとして，「人権」「福祉」「保健（健康づくり）」「男女共同参画とワーク・ライフ・バランス」「医療」の分野が挙げられている。これらの分野での取り組みが総合的に効果を発揮することによって「暮らしやすい地域社会」が実現することになるわけである。政策の内容が特定の分野に収まらないため，施策がかなり広い範囲の分野に跨がることになっている。もちろん，分野を示しただけではどのような方針で何を行うのかがまったく分からないので，各分野での取り組みの方針も併せて述べることで施策の要件を満たしている。

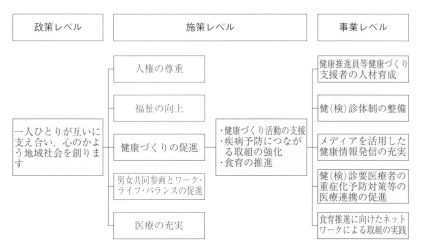

図1-1　政策・施策・事業の体系の例
出所：滋賀県近江八幡市『近江八幡市第1次総合計画』（2019年）を基に筆者作成。

　施策体系の中で健康政策の中核となる「健康づくりの促進」に注目すると，主要な取り組みとして「健康づくり活動の支援」「疾病予防につながる取組の強化」「食育の推進」の3点が挙がっている。このうち，「健康づくり活動の支援」では，「市民が病気や障がいの有無にかかわらず，その人らしく生き，地域で活躍するための力を引き出し，地域づくりを推進する0次予防教育の実践により，市民がQOLを高める主体的活動を支援します。また，関係機関や団体，学校，企業等との連携により，必要な情報提供を行います」と，取り組みの方針も示している。

　もちろん，図中に挙げられている3つの施策以外は取り組まないというわけではないが，「健康づくりの促進」という施策の中で重点的に取り組むことが何かを表明している。総合計画でこのような意思表明がある場合は，個別計画を策定するときにも配慮し尊重する必要がある。そのことが最上位計画と言われる総合計画と整合性をとることになる。

　各施策の下で，具体的な活動内容を示しているのが「事業」であるが，この

計画では「主な取組」と称して例示されている。自治体の日常業務は、この事業の実施（実践）に関わることが大半であることは前述の通りである。この例のように、事業レベルとはいうものの、総合計画の記載の仕方次第では名称（表現）の中に「事業」が含まれているとは限らない。

　自治体によって総合計画の形式や体裁はさまざまであるため、ここで見たのはあくまでも一つの例にすぎない。実際に使われている用語や概念に全国統一のものがあるわけではないので、必ずしも表記として「政策・施策・事業」という体系が使われているわけではない。しかし、総合計画の基本的な構成としては、おおむね「政策・施策・事業」に相当する3段階から成っていると言えよう。

　その前提で現在の自治体における「政策・施策・事業」の捉え方を検討してみると、施策や事業については必要な内容を含んでいることが多いようだが、政策については曖昧であったり、内容が不十分であったりする。少なくとも本章において政策に盛り込まれているべきであると考える3要素については、十分に対応できていないことが多い。

　自治体には多くの行政計画が存在するが、その中で総合計画は最上位計画に位置づけられている。したがって、個々の計画は総合計画を参照して、その趣旨に沿って策定されることが求められるわけである。そうなると、総合計画の中でもとりわけ「政策」に当たる部分が重要になる。解決すべき問題が何か、どのような理想状態を実現しようとするのか、さまざまな取り組みを誰がどのような責任分担で担うのか、取り組みの優先順位は何か等が「政策」で示されていると、その後の個別の計画作りは「政策」に基づいて進められる。残念ながら、現在の総合計画における「政策」は上述のように不十分であるため、個別の計画を策定するときに改めて「政策」についての検討や議論をする必要がある。個別計画によって初めて「政策」が定まることも少なくない。一般には、最上位計画の総合計画を踏まえて個別計画を作成すると言われるのだが、実態としては個別計画の策定における総合計画との調整はそう簡単ではない。以下では、行政計画の体系を整理し、その体系の中で計画策定をどのように進める

べきかを検討しておく。

2　政策と計画体系

（1）計画の縦の体系

　自治体の各種行政計画には縦と横の体系があり，複雑に関連付けられている。まず，縦の体系としては，国・都道府県・市町村間の体系，自治体内の体系，政策分野内の体系の3種類が考えられる。政治学，行政学，公共政策論などでは，国，都道府県，市町村の関係を「政府間関係」と呼ぶ。自治体も地方の「政府」と考えているからである。そのような言葉の使い方を前提に，計画の縦の繋がりを示したのが図1−2である。以下では，この図に基づいて説明する。

①政府間の体系

　政府間の計画の体系は，多くの法定計画で見られるものである。国が中央計画や基本方針を策定し，それを受けて都道府県の計画が策定され，最後に市町

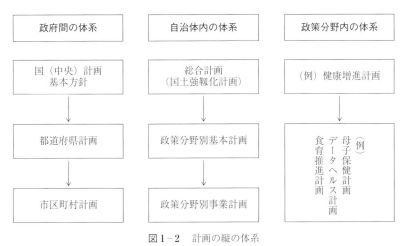

図1−2　計画の縦の体系

出所：筆者作成。

村が計画を策定するという順序になるおなじみのパターンである。その結果，市町村が策定する計画は国や都道府県の計画内容に制約されことになる。それゆえ，市町村では国や都道府県の計画を「上位計画」と呼ぶことが多い。地方分権が進められたことから，形式的には国も地方も対等・横並びの関係であると言われていることからすれば，このように政府間で「縦」の体系があると考えること自体が問題なのかもしれない。とは言え，実態としては上下関係が意識されている。

　国の計画の多くは，計画策定の背景や目的，計画が対象とする範囲や期間，国・都道府県・市町村それぞれの役割や責任，民間組織・企業・国民（市民）の義務や役割などを主要な内容としていることから，「政策」の役割を担うことになる。健康増進関係を例に取ると，国レベルでは「計画」という名称のものを策定しているのではなく，健康増進法に基づいて「国民の健康の増進の総合的な推進を図るための基本的な方針」を定めている。この名称から分かるように，文字通り基本的な方針や考え方を示しており「政策」の性格が強い。都道府県および市町村では「健康増進計画」（市町村レベルでは策定が努力義務であることから，計画の名称も独自に定めていることが多い）を策定しているが，これらには国の方針を受けた「政策」に当たる部分と，自治体の実情を反映した「施策」や「事業」に当たる部分が含まれる。

　②自治体内での縦の体系

　特定の自治体に目を向けた場合，自治体ごとにさまざまな計画がある。一般的には最上位計画と位置づけられているのが「総合計画」である。⁽²⁾一般的な総

（2）　従来は総合計画が文字通り最上位計画であったが，近年では「国土強靭化計画」を最上位に位置づけたり，総合計画と並列で最上位に位置づけたりする場合もある。都市計画や道路，河川，上下水道などのインフラに関する計画では，国土強靭化計画との関係が重要になるため，同計画を最上に位置づけることは容易に理解できる。一方で，対人サービスを中心とした保健，福祉，医療，教育，文化などに関する計画では，建物や施設の耐震化など一部で国土強靭化計画との関係が出てくるが，上位計画というより調整を取るべき関連計画という位置づけの方が現実的であろう。

合計画は，基本構想・基本計画・実施計画の３つの要素で構成されている。以前は地方自治法によって市町村に基本構想の策定が義務付けられていたが，2011年の地方自治法改正の際に基本構想策定の義務付け規定が削除され，基本構想を策定するか否かは各自治体に任されることになった。基本構想がなくなれば，それを主要な要素とする総合計画も策定する必要がなくなる可能性が高いが，実際には大半の市町村で基本構想とそれを含む総合計画が引き続き策定⁽³⁾される傾向にある。

　総合計画の中の基本構想は「政策」の役割が中心になり，基本計画が「施策」を表し，実施計画において具体的な「事業」を示すというのが大まかな役割分担と言えよう。

　総合計画の下に保健，福祉，教育，文化，環境，観光などの分野ごとの計画が策定されている。総合計画は，その名の通り全ての分野における「政策」を定めているので，分野ごとの計画を策定する際には，総合計画内の関連部分との整合性を取る必要性が出てくる。このように，理念的には総合計画を参照して個別計画が作られることになるのだが，実際の策定時期がずれているため，個別計画が先に存在しており，それより遅れて総合計画を策定することも少なくない。そのため，総合計画を策定する際には，先に存在する分野別の計画と矛盾や不一致が出ないかをチェックし，調整することも重要となる。その結果として，総合計画が各分野の個別計画の積み上げになってしまうこともあり，文字通り主客転倒が起こっている例もある。つまり，政策に基づいて施策が体系化され，その施策の下に事業が組み合わされるという順序ではなく，現にやっている事業に合うように政策を策定するという事態が生じてしまうのである。

③政策分野別の縦の体系

　特定の分野に限定しても，そこにはさまざまな計画が存在することが多い。

（3）　三菱UFJリサーチ＆コンサルティングの調査によれば，基本構想を定めている一般市町村は97％を超えている（三菱UFJリサーチ＆コンサルティング自治体経営改革室 2021）。

図1-2の右端に保健・健康分野の例を示している。この図からも分かるように，同じ分野の中に基本的，総合的な計画と，具体的な事業や活動内容を定めた計画が存在していることが多い。

この例のように健康増進計画（「健康○○21」などの名称で呼ばれることも少なくない）が，健康・保健に関する総合的な内容を含んでいるため，そこで定めた内容が個々の取り組みに対する枠付けをすることになる。その意味で上位計画の位置づけになるが，下位計画の例に挙がっている母子保健計画などには，それぞれ独自の根拠法が存在するため，純粋に健康増進計画の下位計画だとは言いきれない部分もある。したがって，後述する同じ政策分野内の横の関係として捉えられる側面も大きいと言えよう。

④縦の体系への対応

このように，一口に縦の体系と言っても，少なくとも3種類の体系を念頭に置かなければならない。

縦の関係で計画を検討する時には，前述のように計画に上下関係があるわけではないと言いつつも，しばしば「上位計画」とか「下位計画」と表現することがある。実のところ，上位計画の内容に反したり矛盾したりするような計画は作れない。したがって，上位計画との調整や整合性をとるということは，具体的には上位計画の趣旨，内容に合わせた計画を策定することになる。

無難に短時間で計画を策定しようとするのなら，上位計画の内容を踏襲して，作成指針やマニュアルに従って策定作業を進めるのが手っ取り早い。むしろ，法定計画の場合は，そのように策定するのが当たり前だと考えられている。言い換えれば，国の方針や上位計画に反するなどはもってのほか，少しでも整合しない部分があってはならないと考えられてきたのである。しかし，地方分権の時代にあって，それぞれの地域の実情をよく知る自治体職員の立場からすれば，上位計画の枠組があるものの，独自性を追求することも必要だろう。もっとも，「言うは易く行うは難し」というのが実態で，そう簡単に自治体の独自性を盛り込んだ内容の計画を策定するわけにはいかない。少なくとも，計画策定の主管組織の一体性ややる気が重要になるため，組織（課）内で

の日頃からの意見交換と問題意識の共有が必要になる。そして，たとえば健康政策であれば，保健医療福祉の専門性をもった専門職（医師，保健師等）と，計画策定の専門家とも言える行政職との間で日常的に円滑なコミュニケーションが成り立っていることが重要である。

（2）計画の横の体系

次に横の体系としては，表1-3に示したように，自治体の中で政策分野内の体系，関連政策分野内の体系，そして他の政策分野の体系の3種類がある。自治体職員の場合，日常的に担当している業務は特定のものに限られているとしても，関係の強い業務をすぐそばにいる同僚が担当しているし，日々，打合せをしたり相談をしたりしている。したがって，同じ政策分野はもとより，関連政策分野の計画なら比較的容易にリストアップできるだろう。つまり，分野内・関連分野内の計画がどのように関わっているかを整理することはそれほど難しくない。

一方，直接の関わりが弱い他の政策分野の計画がどのように関わっているのかは，さまざまな政策分野について精通していない限り分かりづらい。保健・福祉・医療の分野でも，健康増進の一環としてスポーツが取り上げられること

表1-3　自治体における計画の横の体系（保健福祉医療政策の場合）

政策分野内の体系 （保健・健康関係）	関連政策分野内の体系 （福祉・子ども関係）	他の政策分野の体系
特定検査等実施計画 自殺対策計画 がん対策推進計画 食育推進計画 健康増進計画	生涯学習計画 自殺対策計画 子育て支援事業計画 障がい者活躍支援計画 介護保健事業計画	スポーツ推進計画 公共施設等総合管理計画 協働推進計画 行政改革推進計画

出所：筆者作成。

が少なくないので，関連する他分野としてたとえばスポーツ関係などは比較的容易に思い浮かぶ。また，東京パラリンピックが開催されて間もないことから，社会全体で障がい者スポーツに対する関心が高まっているが，福祉の分野では以前からスポーツ関係の計画との関わりは少なくない。さらに，健康・福祉に関わる公共施設は，健康政策を実施する場でもあるので，公共施設の総合管理計画にも目を向けることは容易であろう。

ところが，自治体行政にとって重要な「協働推進計画」とか「行政改革推進計画」などは見落とされてしまうことがある。また，「協働」が名称に含まれていれば分かりやすいが，「まちづくり計画」などの中での基本理念として「協働」が謳われている場合には，ますます気付きにくくなる。さらに，協働の推進は必ずしも計画という形になっているわけではなく，「自治基本条例」や「協働推進条例」などの条例形式を採っている場合も少なくない。

協働に関する計画や条例の多くは「まちづくり」と関連付けられているため，「市民活動促進計画」とか「住民協議会条例」というような名称を用いる場合もある。そのため，名称から判断すると自治会やまちづくり協議会などの住民組織の活動や，中心市街地の活性化などをイメージしがちであるが，自治体の活動において協働の推進を求める内容が多い。

保健・福祉・医療分野の業務も行政活動の一部であるから，住民との協働や行財政改革の推進と無関係ではいられない。実際には，保健や福祉は地域（住民）との連携や協働なしにはなり立たないと言っても過言ではないので，日常的には「連携」や「協働」の用語を多用しているが，協働を重視することの意義，真の協働とはどのようなことかについての理解ができていないと意味がない。協働推進計画などでは，分野を問わず，政策形成や計画策定の段階から具体的な事業執行のプロセスに至るまで，住民と行政の協働を視野に入れることを求める内容になっている。そして，協働についての理念や原則などを定めている。

たとえば滋賀県大津市の「協働まちづくり推進計画」では，表1−4のような5原則を定めている。

表1-4　協働推進計画の内容の例

協働の５つの原則
1．対等の原則：三者は，その自主的な行動のもとに，互いに特性を尊重し認め合い，自由に意見を交換でき，互いが納得して事業を進める関係をいうものです。また，三者がそれぞれの役割と責任を持つものです。
2．相互自立・自主性尊重の原則：三者は，それぞれが自らの課題として自主的・自発的に行動することが大切です。
3．相互理解・相互変革の原則：三者は，それぞれの特性や，活動目的の違いなどをお互いに理解し合い，自分たちの長所を活かし合うとともに，互いに求められる役割を高められるよう共に変わり，共に成長していくことが大切です。
4．情報共有の原則：三者は，それぞれがまちづくりに必要な情報を発信し，情報を共有しながら事業を進めていくことが大切です。
5．目的共有の原則：三者は，お互いが持つ力を十分に発揮するために，達成しようとする目的を明確にして，お互いに共有することが大切です。

注：この原則でいう三者とは「市民・市民団体，事業者及び市（首長・行政及び意思決定を担う議決機関である議会）」をいう。
出所：『大津市協働まちづくり推進計画（第２期大津市協働推進計画）』2017年。

　表1-4にある原則は全ての事業活動を対象としている。保健や福祉の分野の事業においても，協働の諸原則に則っていることが求められるのである。また，表からは読み取りにくいが，協働においては，たんに事業の実施（執行）段階で共に活動することを求めているだけでなく，計画の策定段階も対象にしていることに留意しなければならない。

（3）計画の縦横の繋がり

　縦横の関係の体系をしっかり理解しておくことは，計画策定を適切かつスムーズに進める上できわめて重要なことである。そこで，もう少し詳しく見ておく。

　前述の通り，地方分権が進んだとはいうものの，国の影響がまだまだ強いのが実情である。そのため，計画の縦の繋がりについては否応なしに意識させられる。具体的には，計画策定にあたっての現状認識，課題設定，基本理念，基本方針，主要概念，主要手段などが国によって示される。そして，策定のプロセスや手続も国がモデルを示す。その結果，自治体は政府間の縦の体系におい

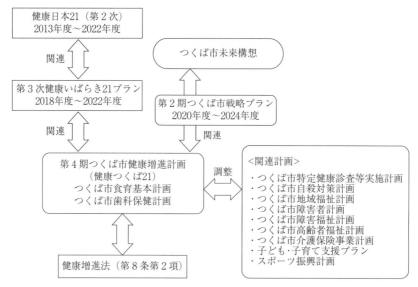

図1-3　健康増進に関わる計画間関係の捉え方の例（つくば市の場合）
出所：つくば市『第4期つくば市健康増進計画』。

ては，「調整」というより「従う」ことになる。このような現状は，地方分権の趣旨から問題がある。

　図1-3は，茨城県つくば市が健康増進計画に関連する諸計画を説明しているものである。多くの基礎自治体での平均的な認識を表していると言ってよいだろう。この図に示されるように，それぞれの計画における国等の上位計画が強く意識されていることも読み取れる。一方で，自治体内部での縦の繋がりとしては総合計画（または，それに相当する計画）しか意識されていないことが普通である。図示する都合上，関係がある計画を全て書き込むことが無理であるということを差し引いても，自治体内の縦の関係，別の政策分野との横の関係に対する意識は弱いのが実情である。

　政府間の縦の体系は，往々にして縦割り行政の弊害を生み出す。行政実務で認識されている政策分野は，多くの場合，中央省庁の局の編成に対応している

ことがその原因となっている。それゆえ，縦割り行政が自治体内部にまで持ち込まれることになり，自治体内での横の繋がりを確保しようとする際には支障となる。そこで，自治体内での工夫や努力の当面の中心は，計画の横の体系をしっかりと確立し，地域にとって意味のある分野横断的な取り組みを実現できるようにすることであろう。

　横の関係では，まず保健・健康の分野内の他の計画との調整がある。基本的に使命や価値観を共有しているので，分かり合えることも多いだろう。しかし，それゆえ新たな計画策定の際には，資源の共有がうまくいかないと調整が困難になりがちである。端的に言えば，予算や人員の取り合いというようなことが起こりがちだ。普段から共に仕事をすることが多い職員との良い人間関係を築いておき，事前の入念な調整を進めることが必要となる。もちろん，必要に応じて課長などのリーダーシップの発揮が求められることはいうまでもない。

　次に，保健・健康に密接な関連のある政策分野の計画との関係を考えてみよう。保健・医療・福祉・子育てなどは，普段から連携が必要だと言われているため，調整が楽だと油断しがちである。しかし，それぞれの計画は別個の法的根拠に基づいて策定されていることが多く，独自の目的が設定されており，かなり異なる価値観や行動準則が存在していることに注意しなければならない。

　直接関係がないように思える政策分野の計画は，先ほども指摘したように，ともすると見落されがちだが，調整としては高いハードルになりやすい。たとえば行政改革計画や定員管理計画は，これから策定する計画において使える資源を制約する。そして，これらの計画の主管部局の了解が得られないと，保健福祉分野の計画であってもその内容が確定できない。調整すべき事項を事前にしっかり整理しておき，迅速かつ円滑に折衝することが肝要となる。

　以上のような計画の縦横の関係を，市町村を前提にできるだけ実態に近い形で図示すると図1−4のようになる。矢印は影響を表すが，太いほど影響が強いことになる。また両方向の矢印の部分は，相互調整が行われる関係を表す。

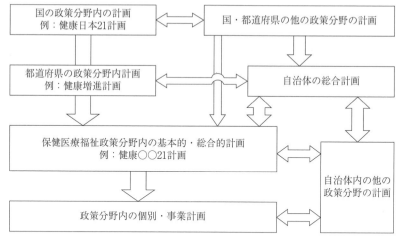

図1-4　計画の縦横の関係（保健医療福祉政策の場合）
出所：筆者作成。

3　計画策定の理想と現実

（1）政策と計画の関係

　計画策定に関わる場合，その計画が「基本計画」なのか「事業計画」なのかによって，定めなければならない要点が変わってくる。図1-5のように，「基本計画」を策定する場合は，「政策」を検討することが中心になる。理想としてどのような状態を目指すのが，それをいつ頃実現するのか，どのような主体が関わるべきなのか，主体間の役割分担はどうするのかといったことを定めることが中心になる。

　もちろん，法定計画の場合は，国の定める法律，計画あるいは方針などの中に「政策」が既に示されているので，それらを前提にしなければならないことが多い。つまり，まったくフリーハンドで自由に政策を定めることは，実際には少ないのである。しかし，政策は抽象的であるがゆえに，地方独自の政策を

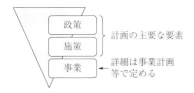

図1-5　計画の主要要素（基本計画の場合）
出所：筆者作成。

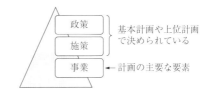

図1-6　計画の主要要素（実施計画，事業計画の場合）
出所：筆者作成。

盛り込むことは不可能ではない。

　図1-6のように，「事業計画」を策定する場合は，「基本計画」や「上位計画」で表明されている「政策」を基本に，その「政策」を実現するための具体的な取り組みとしての「事業」を検討することになる。もちろん，成果の評価などについても定めていく必要がある。

　いずれにしても，検討すべきポイントが変わってくることから，今，「政策」の議論をしているのか，「施策」の体系を確認しているのか，具体的な「事業」の企画をしているのかなどを，しっかり自覚しながら作業することが重要となる。実際の議論や検討では，しばしば混乱している。政策・施策・事業は手段と目的の関係で繋がっているものである。政策目的を実現するために施策があり，施策目的を実現するために事業があり，さらに，事業目的を実現するために具体的な日々の業務・事務がある。このような政策・施策・事業を体系的に理解し，相互に関連付けることが重要なのである。日常業務の中では，なかなか体系的に捉えたり考えたりする機会がないものだが，計画策定とはそもそも，政策の趣旨・目的を明確にし，どのような施策を関連付け，具体的にどのような事業を行うかを体系的に定めていくことである。

（2）計画策定の望ましい流れ

　ここまで見てきたように，計画には縦横の複雑な関係があり，その関係の中で地域の実情や住民の意向，ニーズに沿った計画を策定していくことが自治体

に求められているのである。そのような状況で計画を策定する場合，計画策定の流れ（プロセス）は以下のようになるべきだろう。計画策定は縦横の多くの計画と調整をとりながら進めていくことになるが，国が全国一律の計画を作らず，あえて自治体ごとに計画を策定してもらうという方式を採用していることに鑑みると，本来の計画策定の流れは，次の①から⑧のようになることが望ましい。

①計画の前提となる政策の趣旨・意図・目的などを明確にする

　そもそも計画を策定する根本的な目的，あるいは計画によって実現しようとする望ましい状態などを明確にする必要がある。言い換えれば，「政策」を確定しなければならないのである。国などが定めているいわゆる上位計画で示されている「政策」の内容を確認し，理解することも重要である。

②政策に関連する既存施策をリスト化する

　計画の根幹となる「政策」を実現するために関連して既に取り組まれている施策をリストアップする。政策分野内の横の体系で紹介したような，関連する諸計画や総合計画の施策体系などはリストアップの助けになるだろう。

③関連する政策分野や他の政策分野の諸計画を確認し，調整を図る

　計画の横の体系を意識し，近接・関連政策分野の計画を参考に，これから策定する計画の中に盛り込むべき施策や，あらかじめ整合性を取るための調整が必要なものを検討する。また，政策分野にこだわることなく，関係しそうな計画にも注意して，調整が必要なことがらを整理する。行政管理（予算，人事，行政改革など）やコミュニティ政策関係は，ほとんどの計画がなんらかの関連を持っていると考えるべきである。

④施策リストを基に計画に関連する既存事業をリスト化する

　できあがった施策リストを基にして，各施策の下で展開している既存の事業をリストアップする。施策が特定できれば，それに関連する事業を見つけることはそれほど難しい作業ではない。もちろん，この場合にも関連す

る計画や総合計画が参考になるが，事業レベルを検討する時には予算書も参考になる。

⑤計画の中に位置づけるべき既存施策と既存事業を抽出

②，③，④の作業は，関連するものを全てリストアップしているので，必ずしもそれら全てが策定中の計画の中に位置づけることになるわけではない。必要なものだけを抽出して計画の中に盛り込むことになる。

⑥既存施策だけで対応できない場合には新たな施策の設定

新たな計画を策定したり，現行の計画を改訂したりする場合には，現在の施策体系だけでは計画が目指している「政策」の目的を実現できない場合もある。その時には，既存の施策に加えて新たな施策を打ち立てることも必要となる。

⑦施策体系に対応する事業をリスト化する

既存のものと新しいものを含めた施策体系の下に，計画の中に盛り込む事業をリストアップする。計画を新規に策定する場合でも，計画の中に多数の新規事業が並ぶということは現実的ではない。むしろ，大半の事業は一部手直しをするとしても既存のものである。事業のリスト化が完了すると，計画の目的と手段の体系がほぼ完成する。

⑧既存事業の見直し・修正，必要な場合は新規事業の企画

リストアップされた既存事業を，計画の趣旨や目的などに照らして再検討し，変更や修正が必要ならその旨を明示する。また，既存の事業だけでは対応できない部分については，新規事業を企画することになる。もちろん，計画策定段階では事業の詳細まで決めなくてもよいが，新規事業の目的，事業期間や具体的な達成目標（指標）などを盛り込む必要がある。

これが計画策定の「理念型」と言えるだろう。なお，ここでは計画全般を想定して記述しているが，基本計画を策定する場合と具体的な実施計画や事業計画を策定する場合では少し違いが出る。一般的には，①から⑥までは基本計画の策定の際に重要となる作業であり，⑦と⑧は実施計画・事業計画の策定作業

で重要となる。また，上記の⑧の段階で計画策定が完了するわけはなく，その
あとに公式の計画にするための手続きが必要になるのはいうまでもない。それ
らの手続きは，次に紹介する現実的な策定の流れとほぼ同じであるため後述す
る。

　この理念型のような計画策定が行われることによって，地域の実情や住民の
意向に沿った計画が策定される可能性が大きくなるだろう。また，計画によっ
て政策・施策・事業の体系も明確に示されることになると考えられる。しかし，
実際にはなかなか理想通りの計画作成プロセスを踏むことは難しい。そこで，
次に現実的な流れをみてみよう。

（3）計画策定の現実的な流れ

　既に何回か指摘しているように，自治体で作成している多くの計画には根拠
となる法律が存在し，国から計画策定を義務づけられたり，努力義務として策
定を推奨されたりしている。努力義務であれば，策定するかどうかは自治体の
判断に任されるのであるが，計画を策定しないと交付金や補助金が得られない
などの不利益が生じるため，ほとんどの場合は計画を策定することになる。そ
の結果，自治体における現実的な計画策定の手順は以下のようになる。

①国等が示す作成指針，ガイドライン，手引き等（以下，これらをまとめて策
　定マニュアルと呼ぶ）の内容を確認し，計画策定の工程表を作成する。
②策定マニュアルを参考に，必要なデータや情報を収集し整理する。策定の
　ための審議会等を設置する場合は，その準備をする。
③関係する政府間，自治体内の上位計画の内容と整合性をとるため，国や都
　道府県等と意見交換（多くの場合は，アドバイスや指示を受けることになる）
　をする。
④自治体内の既存計画と整合性をとるため，関係部署との調整，意見交換な
　どを行い，文言・表現等の検討を行う。
⑤計画素案を作り，審議会や専門家，関係者などの意見を聴取することと並

　　行して，総務，財務，法務系の部署と調整し，内容についての了解をと
　　る。計画によっては議会での説明も行う。

⑥計画案を確定し，パブリックコメントなどを経て最終案とする。

⑦必要な決定（決裁・議決等）手続を経て計画が完成する。

　この現実の策定プロセスのうち，⑤以降は計画策定全般に共通する必須の手
続きであるため，理念型の計画策定プロセスにおいても同様の手続きが必要に
なる。

　①～⑦のような流れは，これまでに計画策定に関わったことのある自治体実
務家であればもちろん，計画策定の経験がない人でも想像がつくようなプロセ
スである。もちろん，これらは①から順番に進められるのではなく，複数が並
行して進められることが一般的である。したがって，同時に色々なことを配慮
し，多くの部署と折衝することになるので，計画策定業務は多忙をきわめる。
言い換えれば，多くの人や組織と交渉や意見交換を行い，さまざまな調整を図
らなければならないことになる。当然，そのためのデータ集めや資料作成も行
わなければならない。これらの多忙な業務を行うことから，一見すると充実し
た策定作業をしているように見えるし，やっている当事者もたんに忙しいとい
うだけではなく，充実感を持っていることが少なくない。

　一方で，理念的な計画策定の流れと比べると大きなギャップがあるのも事実
だ。特に次の4点は深刻なギャップである。第1に，計画策定のきっかけが国
などからの指示であるため，そもそも何のために計画を策定するのかについて
の主体的な認識がないまま策定作業を進めてしまっている点は大きな問題であ
ろう。第2に，策定マニュアルに頼っているため，地域の実情や住民をはじめ
としたさまざまなステークホルダーの声を丁寧に検討することが手薄になりが
ちであることも問題である。第3に，現場で日常業務に従事している職員の提
案であっても，策定マニュアルに記載のない事柄だと考慮の対象にならず，計
画に反映されなくなってしまうことも深刻である。そして第4に，他の計画や
関係部署との調整や整合性の確保をとるといっても，政策面での議論が行われ

ることなく，他部署の資源（予算はもとより人員や権限などを含む広い意味での資源）を侵害したり，新たな負担を掛けたりしないかという検討にとどまっていることである。

　以上に説明した理念型（本来の形と考えられる）計画策定プロセスと，現実の多くの計画策定プロセスの違いを整理したものが表1-5である。一見すると，それほど違いがないようにも思えるが，現実に行われている計画策定は，多くの部分でマニュアルやこれまでの経験・前例を引照枠組にした形式的な検討が中心である。一方で，理念型は，計画策定にあたって実態に即した問題意識を持ち，目的や効果を明確化しようとするプロセスを目指しているのである。

（4）新たな計画策定の姿

　では，厳しい現実の中でも地域の実情を反映した有意義な計画を作るためには何に留意すればよいだろうか。まず，日常の業務と計画策定に関わる業務の違いを確認しておくことにしよう。

　日常業務では，その大半が「事業」に関わる事務や業務であると言っても過言ではない。事業に対して予算が定められており，遂行すべき業務や作業が確定している。その結果，日常業務は，決められたことを決められた通りに遂行すればよいという性格の仕事になりがちである。そのような業務遂行の場合，進行管理が重視され，何をどれだけやったかという実績値が重要な指標となる。

　一方，計画策定は，法律や国の中央計画あるいは自治体の条例等によって示された「政策」を，地域の実情を踏まえて「施策」に分解し，具体的な「事業」を設定する作業であり，文字通り政策・施策・事業の体系化を進めるという問題解決的かつ創造的な活動である。つまり，日常業務とは性格が大きく異なる仕事になる。そのため，計画策定に関わることになると，慣れない仕事で苦労するとか，分からないことが多くて不安だという気持ちになるのは無理もない。しかし，普段とは違うがゆえにやりがいや面白みを感じることができる可

表1-5　計画策定プロセスの理念型と現実の比較（市町村の例）

理念型の計画策定プロセス	現実の計画策定プロセス
計画の前提となる政策の趣旨・意図・目的などの確認・明確化。	国等が示す作成指針，ガイドライン，策定マニュアル等に基づき，計画策定の工程表作成。
↓	
政策に関連する既存施策をリスト化。	
↓	
関連する政策分野や他の政策分野の諸計画の確認・調整。	策定マニュアルを参考に，データ・情報の収集・整理，審議会等の設置準備。
↓	
施策リストを基に計画に関連する既存事業をリスト化。	
↓	
計画の中に位置づけるべき既存施策と既存事業を抽出。	
↓	
既存施策だけで対応できない場合，新たな施策の設定。	国・自治体の上位計画との整合性確保のための調整。国や都道府県との相談。
↓	
施策体系に対応する事業をリスト化。	
↓	
既存事業の見直し・修正，必要な場合は新規事業の企画。	自治体内の既存計画との整合性確保のための調整。

↓

計画素案を作成。審議会，専門家，関係者などの意見聴取および総務，財務，法務系の部署との調整。必要な場合，議会での説明。

↓

計画案を確定し，パブリックコメントなどを経て最終案の確定。

↓

必要な決定（決裁・議決）手続を経て計画が完成。

出所：筆者作成。

能性もあるはずだ。計画策定が「問題解決的活動」であるとするなら，普段から持っている問題意識やおかしいと思っていることを払拭するチャンスでもある。そうだとすれば，せっかくのチャンスを活かすという発想が求められるのである。

　国などが示す法律や計画の趣旨や目的が，自らの問題意識とうまく合っているのであれば，策定指針や策定マニュアルに基づいて粛々と策定作業を進めれ

ば問題解決に貢献することが可能になる。実際，国も現状分析や将来予測を十分に行い，政治的な調整も経た上で政策を打ち出しているので，そうそうピント外れということもない。むしろ，日常業務で気付かない問題や，地方の実態に合った課題を国から示されることもある。このような場合は，国の政策に従って地方で具体的な計画を策定したとしても，自治体が責任を果たしていないという批判は当たらないだろう。ただ，その場合でも，国の政策が本当に地方の実情や住民感覚に合致しているのかの検証は，自治体が責任を持って行う必要がある。また，地域の実情に合う具体的な手段・方法，つまり事業の内容についての創意工夫が求められるのはいうまでもない。

　一方，国などの定めた趣旨や目的，あるいは指針や策定マニュアルに示された基準や手法が，自らの問題意識にそぐわないと思うのであれば，どこがどう違うのか，示された政策に自治体独自の解釈の余地はないのか，自治体として独自の政策の設定はできなのかといったことを検討してみる必要がある。もちろん，これらの検討は1人だけで行うのではなく，所属組織内の上司や同僚などと意見交換を行いながら進めることが重要である。個人の思い込みではよい意見であっても計画に反映させることは困難であるし，組織の中で孤立してしまうと何も変えることができなくなる。関係者を納得させ合意を調達するためには，政策や計画についての理論，あるいは計画策定や評価についての手法などを知っておく必要がある。そして本書の目的は，日常業務での問題意識や，地域や住民の実態についての知見を活かした計画策定を進めるための理論や手法を紹介することにある。

（5）少しでも現状を改善するための第一歩

　前述した政策・施策・事業の関係を前提に，いろいろと制約のある中で，少しでも地域の実情に合った事業が展開されるようにするために，計画策定においてどのような戦術を採るべきかを考えてみよう。

　国から計画策定が義務付けられているような場合，計画に盛り込まれる政策の内容（計画の目的，政府間や官民の役割分担など）が既に定められていることに

なるが，それでも計画に地域の実情に合わせた事業を組み込むことを検討する余地はある。計画と既存の事業がうまくマッチするようであれば，その事業を計画の中に組み込むことを追求する。新規計画の策定や計画の見直しが，新規事業の誕生を意味しているわけではないことを十分に認識し，既存の事業で対応できる場合は，できるだけその可能性を模索することも重要である。既存事業は既に実施のノウハウや実績があるため，新たなことをやるより無駄なコストが掛からない。

　計画と既存の事業が合わないときは，その事業を継続するのか，これを機に廃止縮小するのかなどの検討をすることになる。新たな計画を策定することは，新規事業を生み出すだけではなく，実態に合わなくなっている事業を見直したり，廃止したりする契機でもある。実態に合わない事業，時代遅れになっている事業，既に役割を終えている事業が少なからず存在しているはずである。行政では，ひとたび始めた事業を廃止することが難しいために，ズルズルと継続していることがあるが，法定計画の趣旨や目的に合わないという理由は，既存事業の廃止縮小を正当化する便利な理由に使える面もある。政策形成の陰で事業の見直しをしてしまうということは，理想的な政策形成とは言えないが，新たな取り組みのための資源を確保するために無意味な事業を廃止する一つの実利的な手法である。

　このように，理念的な計画策定を行うことが困難な現実であるとしても，現状を打開するチャンスはある。そのチャンスを積極的に活用することが，より理念型に近い計画策定を実現するための基礎能力を養うことになる。

参考文献

同志社大学大学院総合政策科学研究科編(2005)『総合政策科学入門［第2版］』成文堂。

『大津市協働まちづくり推進計画（第2期大津市協働推進計画）』大津市（2017）。https://www.city.otsu.lg.jp/material/files/group/222/dai2kikyoudousuisinkeikaku.pdf

『近江八幡市第1次総合計画』近江八幡市（2019年）。https://www.city.omihachiman.lg.jp/material/files/group/105/honpen_all.pdf

『第4期 つくば市健康増進計画（健康つくば 21）』つくば市（2021）。https://www.
　　city.tsukuba.lg.jp/_res/projects/default_project/_page_/001/002/334/ 4 ki_
　　kennkouzousinkeikakku.pdf
『令和2年度 自治体経営改革に関する実態調査報告書』三菱 UFJ リサーチ＆コンサル
　　ティング自治体経営改革室（2021）。https://www.murc.jp/wp-content/
　　uploads/2021/07/seiken_210712.pdf

（真山達志）

第 2 章

計画策定スケジュール別のポイント

1　全体スケジュールと必要な手続き

　自治体における多くの計画は，数年おきに策定される。このため，ルーティ
ン業務として策定に必要な作業とスケジュールがある程度決まっている。特に
初めて計画策定に携わる時や，計画策定の事務局に異動した時には，これらに
ついて知っているだけで心に余裕が生まれる。常に全体のスケジュールを意識
することを心がけよう。本章では，10年おきに策定される健康増進計画を例と
して紹介する。

（1）健康増進計画を策定する際の全体スケジュール

　地方自治体の総合計画は，基本構想，基本計画，実施計画に分けられる（神
原・大矢野 2015：1-13）。かつては基本構想の策定が義務化されていたが，地
方分権推進のために地方自治法の一部が改正され，平成23年から義務ではなく
なった。ただ実際には総務大臣通知が発出され，改正法施行後も各市町村の自
主的判断により，議会の議決を経て策定することは可能になった。その後行わ
れた調査では，約 8 割の地方自治体が継続して策定していた。一方，地方自治
体によっては，首長の任期に合わせて，重点化する政策を 4 年間の「総合指針」

（1）　総務大臣「地方自治法の一部を改正する法律の公布について（通知）」総行行第57号総
　　　行市第51号平成23年 5 月 2 日。
（2）　大塚敬「基本構想策定義務付け廃止から 5 年　自治体総合計画の最新動向」。

年度	初年度	2	3	4	5	6	7	8	9	10	11	12	13	14	15	16	17	18	19	20
基本構想/総合計画	→																			
基本計画	第n次基本計画										第n＋1次基本計画									
	（前期）					（後期）					（前期）					（後期）				
個別の実施計画	} 内容は定期的に見直しされる																			

図2-1　基本構想/総合計画，基本計画，実施計画の関係

出所：吉岡（2022：102-103）より引用・改変して作成。見直し・実施の期間は自治体ごとに異なる。

として定めているところもあり，地方自治体ごとに独自のやり方で，より良い政策づくりを模索している（一條 2013：49-54）。

　総合計画は，地方自治体にとってあらゆる仕事の拠り所となる最も上位の計画であり，人口動態や税収の推計に基づく地域の将来像を示し，その政策課題の取り組み方針を示す政策である（西尾 2001：292-298）。期間は地方自治体によって幅があるが，図2-1では仮に20年とした。

　基本計画は，基本構想を具現化していくことを目指し，分野別に施策を示したもので，便宜的に5年を区切りとして前期・後期（神原・大矢野 2015：31-49），あるいは基本構想の20年間を数年ごとに区切って第1期〜第4期としているところもある[3]。つまり，その期間は自治体によって多様である。また，健康増進計画は，基本的計画の一つで10年を単位としているが[4]，計画によってはその期間にばらつきがある。たとえば，医療計画は6年間を一つの区切りとしている[5]。また，介護保険事業（支援）計画は当初の5年ごとの見直しから，平成17年の法改正後，3年ごとの見直しとなった[6]。

（3）　川崎市「「川崎市総合計画　第2期実施計画　素案」について」。

（4）　厚生労働省「国民の健康の増進の総合的な推進を図るための基本的な方針」．平成二十四年七月十日．厚生労働省告示第四百三十号。

（5）　「厚生労働省医政局長通知．医療計画について．一部改正医政発0731第4号．平成29年7月31日」。

（6）　厚生労働省「介護保険事業（支援）計画の現状と方向性について」。

年度	初年度 2　3　4	5	6　7　8	9	10	11　12　…
現行計画	施行　————→	中間評価	施行　————→	最終評価に向けた準備	最終評価	
次期計画				策定に向けた準備	策定作業	施行　————→

図2-2　計画策定の全体スケジュール

出所：厚生労働省「次期計画に向けたスケジュール（案）」より引用・加筆して作成。

　基本計画を住民サービスとして具現化するために，必要な事業の「実施計画」を立てる（神原・大矢野 2015：1-13）。実施計画は着実に目標を達成すべく，年度末に毎年事業評価が行われ，おおむね3年間程度を目安に定期的に見直し，修正作業（「ローリング」と呼ぶ）（吉岡 2022：102-103）が行われる。

　健康増進計画は，保健・健康の分野における基本計画に当たるため，その策定のプロセスや手順は，上述の総合計画における基本計画策定に準じていると言える。新たな健康増進計画の策定は，前回策定した計画（以下，前計画という）が終了年度を迎える前年度もしくは前々年度から準備が進められる（図2-2）[7]。つまり，前計画が策定されて10年後に当たる最終年度には，担当者は前計画の評価と次期計画案の策定を同時に行うことになるため，多忙を極めることが理解できるだろう。

（2）策定の中心的な役割を果たす事務局

　策定作業をスケジュール通りに進めるため，事務局となる担当課がかじ取り役を担う。総合計画のように組織全体に関係する計画策定の場合には，政策企画課のように企画調整を担う部署が事務局となる（課の名称は自治体によって異なる）。一方，保健や福祉の分野別の計画を策定する時には，主管課が資料やデータ，作業内容や骨子案等の取りまとめや関係各課の調整を担うことになる。一般的には計画策定に関する審議会を設置するための条例等が定められており，事務局を担う担当課は審議会の庶務を担う部署として位置づけられる[8]。

（7）　厚生労働省「次期計画に向けたスケジュール（案）」。

（8）　富士見市健康づくり審議会条例。

表2-1　審議会条例に含まれている内容について

所掌事務	・○○計画の策定について首長の諮問に対して調査や審議を行い，答申する。
組　織	・委員は○○人以内とする。 ・委員の構成： 　①公募で選ばれた者 　②各種団体の代表者又は推薦者 　③教育・研究機関等の学識経験者 　④その他首長が認めた者
委員の委嘱	・任期を明記する場合と，「委嘱された時から計画策定が終了するまでの期間」とする場合がある。 ・欠員補充：残存期間を補う者を追加で補充する。
会　長	・委員の互選で会長を選出する。 ・会長は議長を兼ねる。 ・会長業務の代行者：事前に会長が指名した委員（副会長の場合が多い）が職務を代行する。
会　議	・会長が招集。 ・過半数の委員の出席により，開催可とする。 ・出席委員の過半数で可決。 ・可否同数の場合：議長が決定（※議長は，議決には不参加とする）。
庶　務	・庶務は，政策計画課（※課名は組織によって異なる）で処理する。

出所：「富士見市健康づくり審議会条例」に基づき，一部改変して作成。

①審議会の役割

　審議会は，計画策定をオーソライズする機関である。これは，地方自治法で「普通地方公共団体は，法律又は条例の定めるところにより，執行機関の附属機関として自治紛争処理委員，審査会，審議会，調査会その他の調停，審査，諮問又は調査のための機関を置くことができる」（第138条の4第3項）という定めに基づくものである。審議会は，条例で所掌事務や組織，委員の委嘱等について定めている（表2-1）。

②部会（分科会，委員会）・作業部会（ワーキンググループ）の役割

　審議会の下部組織として，一般的には部会（分科会や委員会と呼ばれることも

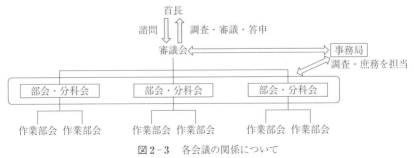

図2-3　各会議の関係について

神原・大矢野（2015：66-74）を参考に筆者作成。

ある）が設置される。この部会は，「親子の健康分野」「予防・健康分野」「地域包括ケア分野」「食育推進分野」のように分野ごとに分けられ（神原・大矢野2015：66-74），関係する課の長をメンバーに含める。たとえば「地域包括ケア分野」には，福祉課長，介護保険課長，障害者施策課長等の関連の深い課の長が参加する。各部会は，前計画で見直しが必要な事項の検討，策定に向けて住民等への調査が必要な場合には調査項目案の作成・選定，結果の集計や確認，新計画案の作成とその具現化の仕組みや方策の検討等を担う。

　しかし，非常に多忙な各課の長がこれらの検討作業をすべて担うわけではない。実際には，部会の下部組織に作業部会（ワーキンググループ等組織によって呼称は異なる）を設置し，各課の係長やそのスタッフが具体的な素案づくりや各部のヒアリングといった調整作業を，正式な会議の場面以外でも並行して実施する（図2-3）。このため，審議会⇒部会⇒作業部会の順に降りてきた検討事項や必要な作業は，作業部会⇒部会⇒審議会の順でその結果を上申し，検討・審議されるという流れを繰り返しつつ，策定作業を進める。

2　策定前年度の下準備——前々年度／前年度に必要な手続き・作業

（1）計画策定の根拠となる法律通知の確認

事務局となる課は，これから策定しようとする計画の根拠となる法律通知に

表 2-2　健康増進計画および関連する計画の根拠となる法律通知

計画の種類	法律通知等
健康増進計画	健康増進法第 8 条：都道府県健康増進計画 同法第 8 条の 2：市町村健康増進計画
食育推進計画	食育基本法第17条：都道府県食育推進計画 同法第18条：市町村食育推進計画
歯科口腔保健計画	歯科口腔保健の推進に関する法律第13条
自殺対策計画	自殺対策基本法第13条：都道府県自殺対策計画 自殺対策基本法第13条の 2：市町村自殺対策計画
母子保健計画	母子保健計画について（平成26年 6 月17日雇児発0617第 1 号厚生労働省雇用均等・児童家庭局長通知）※ 1
医療費適正化計画	高齢者の医療の確保に関する法律 医療費適正化に関する施策についての基本的な方針（平成 29年12月19日一部改正）※ 2

注：※ 1　「母子保健計画について（平成26年 6 月17日雇児発0617第 1 号厚生労働省雇
　　　　　用均等・児童家庭局長通知21）」。https://www.mhlw.go.jp/web/t_doc?dataI
　　　　　d=00tc0183&dataType= 1 &pageNo= 1
　　※ 2　「医療費適正化に関する施策についての基本的な方針（平成29年12月19日一
　　　　　部改正）」。https://www.mhlw.go.jp/file/06-Seisakujouhou-12400000-Hokenkyoku
　　　　　/0000190697.pdf
出所：各法律より引用して作成。

ついて確認し，関係各課と共有が必要である。たとえば健康増進計画は，健康
増進法の第 8 条および第 8 条の 2 を根拠法として策定される。地方自治体に
よっては，食育推進計画や歯科口腔保健計画といった関連する分野計画も一緒
に策定することもある[9]。特に都道府県は，健康増進計画と医療費適正化計画を
あわせて策定することになっている[10]。このため，関連する計画の種類と根拠と
なる法律通知の確認が必要である（表 2-2）。

（ 9 ）　「埼玉県歯科口腔保健推進計画（第 3 次）」。
（10）　厚生労働省「都道府県健康増進計画改定ガイドライン（確定版）」平成19年 4 月。

（2）計画策定に必要な会議の立ち上げ

　事務局となる課は，部課長など組織内の上層部の出席する公式な会議の場等を通じて，次期計画策定に必要な審議を審議会に委ねることについて提案し，関係各課に部会（分科会，委員会）運営への協力を依頼する。また，前項で述べた通り，新計画は既存の総合計画や実施計画とつながりがある。このため，各々との関連を踏まえて，作業することが肝要である（神原・大矢野 2015：16-30）。事務局は，①上位の総合計画の政策を念頭に置き，その整合性を意識すること，②新計画の当該分野の柱となる施策目標，③各施策や事業の体系，④達成目標等の策定といった作業の進め方，⑤策定スケジュールの全体像（計画の実施期間・見直し時期を含む），⑥担当部局の一覧表を示し，事業単位で見た時に漏れや重複がないように関係各課と調整を行う必要性を併せて依頼することになる。

　この作業とあわせて事務局は，関係各課の意見を参考に，審議会の委員候補者を検討する。審議会条例に定められているメンバーはもちろんのこと，公募で選任された者等も含め，バランスの良いメンバー構成となるように配慮する。なお，会長や副会長は条例の定めの通り，委員の互選で選出される。[11]実際には審議会を円滑に運営するため，事務局がある程度会長や副会長の役割を遂行できそうな候補者の目星をつけておくことがある。また，あらかじめ候補者に打診し，その役を引き受けてもらう可能性について内諾を得た状態で委員を委嘱する場合がある。

　なお，近年では，計画策定作業に住民の積極的な参加を歓迎し，意見聴取・交換を図っている（神原・大矢野 2015：16-30；吉岡・藤井・塩見・片山・細谷・真山 2021：876-887）。たとえば，意見交換の場やフィールドワークを共に実施したり，固定化したメンバー以外の一般住民から意見を聴取するために，住民基本台帳から無作為抽出された住民とディスカッションを重ね，具体的な意見や提案を素案に反映させている（一條 2013：55-65）。

---

(11)　富士見市健康づくり審議会条例。

（3）前計画の評価（評価指標の確認を含む）と課題の明確化

　国は「健康日本21（第二次）」を確実に実施していくために，厚生科学審議会に地域保健健康増進栄養部会を位置づけ，進捗状況や目標等を検討し，報告書を出している。[12]　事務局は，この報告書と地方自治体の前計画の評価結果を考慮し，新計画における取組方針を検討する。[13]

　前計画の評価にあたっては，「当初定めた目標値をどの程度達成できたか」を知る必要がある。そのためには，計画開始当初に実態評価をした時と同じ評価指標を使って，測定・評価する。[14]「健康日本21（第二次）」の中間報告書では，各分野（生活習慣病として「がん，循環器疾患，糖尿病，COPD，次世代や高齢者の健康，栄養・食生活，身体活動・運動，休養，飲酒，喫煙，歯・口腔」）の各目標について，評価指標が定められている。[15]前計画や関連分野の計画も含めた形で健康増進計画を策定する場合には，目標値や評価指標をそのまま流用することが多いだろう。

　達成状況を評価する際，数値で表現できる項目については実績値と目標値の差について，「a 改善している」「b 変わらない」「c 悪化している」「d 評価困難」で評価し，[16]分野ごとの達成状況を一覧表やグラフにより可視化する。その際，国民健康・栄養調査のような既存の大規模な調査の結果を活用しても十分な評価が出来ない場合には，改めて実態調査が必要になる。繰り返しになるが，後者の場合は，同じ物差し・方法で測定するために，質問の仕方や選択肢等の表

---

(12)　厚生科学審議会地域保健健康増進栄養部会「健康日本21（第二次）」中間評価報告書，平成30年9月。

(13)　横浜市「健康横浜21」第2期計画の期間延長及び第3期計画策定時期の変更について（案）。

(14)　厚生科学審議会地域保健健康増進栄養部会「健康日本21（第二次）」中間評価報告書，平成30年9月。

(15)　厚生科学審議会地域保健健康増進栄養部会「健康日本21（第二次）」中間評価報告書，平成30年9月。

(16)　厚生科学審議会地域保健健康増進栄養部会「健康日本21（第二次）」中間評価報告書，平成30年9月。

現を含めて，前計画策定時と同じ調査票や方法でデータ収集を行う。

　当初立てた目標通りに改善できた場合は，有効だった対策や要因について分析し，新計画に活かすとよい。一方，当初の目標を想定通り達成できなかった場合（特に「c 悪化している」または「d 評価困難」な項目）については，その理由や背景要因等を分析し，従前の実施方法の見直しや，目標設定そのものに無理がなかったか等を確認し，追加修正等の必要性を検討する。(17)こうした作業は，計画を確実に具現化し，より良い取組としていくために Plan−Do−Check−Act（PDCA）サイクルを回すことに役立つ。

　なお，健康増進計画のように長期間にわたる計画の場合は，半分が経過した 5 年目に中間評価が実施される。(18)また分野別の個別計画は，図 2 − 1 各計画の関係で示したように，上位計画の目標達成に向けて約 3 年ごとに評価し，その内容を踏まえた上でローリング（見直し）が行われるので（吉岡 2022：102-103），各計画の見直し時期をあらかじめ把握しておくとよい。

　また新型コロナウイルス感染症や，気候変動の影響に伴う豪雨等の自然災害といった健康危機の発生等の影響により，(19)国や都道府県から関連する新たな項目やその評価指標が追加される可能性や，市区町村自らが独自項目として追加する場合もあるだろう。住民や関係機関等の新たなニーズや課題把握の調査を要する場合には，関連する調査項目の追加が必要になる。

（4）策定作業の委託

　地方自治体の中には，計画策定に必要となる前計画の施策の進捗・実施状況の把握，調査の設計・実施，分析，報告書の作成，計画案の作成，住民との意

---

(17)　厚生科学審議会地域保健健康増進栄養部会「健康日本21（第二次）」中間評価報告書，平成30年 9 月。

(18)　厚生科学審議会地域保健健康増進栄養部会「健康日本21（第二次）」中間評価報告書，平成30年 9 月。

(19)　環境省「令和 3 年版環境白書・循環型社会白書・生物多様性白書」第 1 部第 1 章第 2 節気候変動問題の影響。

表 2-3 外部の民間業者に委託する策定作業の例

地域の課題の把握	・地域の基本特性の分析 ・地域の将来推計の実施 ・住民の健康状態等の把握・分析 ・国保データベース（KDB）の分析の結果 ・住民や関係機関等に対する実態調査の実施とその集計 ・住民との意見交換会の実施支援とその分析
上位計画および他の関連計画の検討	・他分野の健康関連施策の取り組み状況の分析 ・上位計画や関連計画との整合性，関連性の整理
前計画の評価指標の吟味	・前計画の評価指標を吟味し，改善の必要なものについて特定，代替案の作成 ・重点目標となる事項の検討 ・全体の進行管理方法の検討
骨子案の作成	・新計画策定の背景や地域・社会情勢の整理 ・施策体系とその内容の検討
策定関連会議の運営支援	・策定関連会議への出席，議事録作成 ・会議用の説明資料作成 ・広報用の原稿案作成
冊子体の作成	・全体構成のデザイン，編集 ・概要版および全体版の作成 ・印刷および製本，納品

出所：「令和2年度沼津市健康増進計画等策定支援業務委託　公募仕様書」より引用・改変して作成。

見交換会の実施・報告書作成，といった策定作業を外部のコンサルティング会社に委託する場合がある（坂本 2019：79-91）。策定作業全般をまとめて外部の民間業者に委託する場合と，一部の作業だけを外部委託し，関係各課との調整等の業務は委託せずに主管課の担当者が行う場合がある。

　また，前述した通り，前計画の評価は最終年度に行われる。組織によっては，それに必要な調査を前年度のうちに行うことがある（吉岡 2022：102-103）。この場合，あらかじめ契約に向けた委託先の外部の民間業者の選定をしておく必要があり，前々年度末または前年度末に行われる（組織によって評価作業や業者選定の時期は異なる）ことになる（表 2-3）。担当者になったら，入札や業務委託企画提案競技（公募型プロポーザル）等の手続きや全体スケジュールを事前に確認しておこう。

3　策定年度のスケジュール

（1）第1四半期

①前計画の評価と現状を踏まえ，施策方針，目標案等の全体方針を検討

新計画の策定にあたり，関係者は，基本理念や他の計画との関連性（位置づけ）について，審議会や委員会・分科会といった正式な会議の場で年度当初に共有する作業が必要になる（表2-4）。あわせて，国の動向や社会情勢に基づいて見直しが必要となる項目や，現時点で活用可能な根拠となる統計データについても，一覧表にまとめて共有すると関係者の理解が深まる。

なお，感染症の大流行や移動時間の関係で対面での会議出席が困難な委員等の事情を鑑み，オンラインで実施されることもある。

②目標案の検討の依頼

新計画における目標案は，分野ごとに関係各課の長および作業チーム（プロジェクトチーム等）に振り分け，作業を進めてもらう。基本的に，目標は国や都道府県の政策や前計画の評価を参照して設定するが[20]，地域の実態に沿う形になるようにアレンジが必要である。たとえば，既存の調査結果や統計データ，レセプトの分析等に基づき，特に重要な根拠を整理した上で設定することが望ましい[21]。これらのデータは，目標に対応する評価指標を設定する際にも役立つ。

事務局となる課は，関係各課から提出された目標案のとりまとめや全体構成について再検討に必要な時間を逆算し，期日までに作業を完了できるように進行管理をする。このため，関係各課からの作業が多少遅れることも想定して締め切りを設定し，依頼する。また，重点施策については，各課の役割分担の検

---

(20)　厚生科学審議会地域保健健康増進栄養部会「健康日本21（第二次）」中間評価報告書．平成30年9月。

(21)　厚生科学審議会地域保健健康増進栄養部会「健康日本21（第二次）」中間評価報告書．平成30年9月。

表2-4　新計画の策定にあたり年度当初の会議で関係者と共有すべき事項の一例

> ・新計画の上位計画：○○市総合計画を位置付ける。
> ・基本理念：○○市総合計画のうち，保健福祉分野に関する内容（「住民が安心・安全で健康に暮らせるまちづくり」）に沿うものとし，国や都道府県の関連する政策等と整合性を図る。
> ・○○市健康づくり推進条例に沿う形で策定する。
> ・新計画は，「食育推進計画」や「歯科口腔保健推進計画」を包含する総合計画として策定する。
> ・根拠法令：健康増進法第8条。
> ・計画期間：△年度～□年度の10年間。
> ・基本理念等に基づき，9分野（「栄養・食生活，身体活動・運動，休養・こころの健康づくり，たばこ，アルコール，歯の健康，糖尿病，循環器病，がん」）について健康づくりの目標と方策を明示する。
> ・前計画の評価結果（別紙参照）で目標到達ペースから遅れている3分野（こころの健康づくり，糖尿病の重症化予防，がん対策）について見直しを要する。
> ・近年重要性が増している健康格差の解消に関する健康づくりの支援，健康無関心層への取組，女性の健康づくりの推進を強化する。
> ・スケジュール：審議会は年3回開催する。11月末にパブリックコメントを募集し，計画案をとりまとめ答申する。

出所：厚生科学審議会地域保健健康増進栄養部会「健康日本21（第二次）」中間評価報告書．平成30年9月，加東市市民安全部健康課「加東市健康増進計画」第1回委員会資料平成26年1月16日より引用・改変して作成。

討を依頼する。

（2）第2四半期

①目標値の設定と具体策の検討

　次に目標と施策，評価指標，目標値の関連について以下に示そう。目標とは，すなわち目指す状態を表すものである（佐々木 2013：176-192）。現状と目指す状態を比べてどの程度ギャップがあるかを検討し，このギャップを埋めるための対策として各施策を立てることになる（佐々木 2013：176-192）。評価指標は，目標や施策の達成状況を測るものさしであり，目標値は目指す状態を数値化したもので，目標が達成された状態を表す（図2-4）。

　関係各課の長および作業チーム等は，個々の目標に対応する形で目標値を決める。この時，各目標値をどのように評価するかを見越しておくことが肝要である。ヘルスケアの評価に関する有名な枠組みの一つにドナベディアンのモデ

目標	施策	評価指標	現状値 ⇒ 目標値
野菜の摂取量の増加	健診後の栄養指導の充実	健診後の栄養指導実施率	25%　⇒　50%
	ヘルシーメニューの提供	ヘルシーメニュー提供店の割合	30%　⇒　60%

具体化　　　　　　　　具体化　　　　　　　　具体化

図 2-4　目標，施策，評価指標，目標値の関連について

出所：厚生労働省「都道府県健康増進計画改定ガイドライン（確定版）」（平成19年 4 月）より引用・改変して作成。

ルがある。これは，ストラクチャー（構造），プロセス（過程），アウトプット（事業実施量），アウトカム（成果）の 4 要素から成る。[22]

　また，目標値を設定する際には，圏域内の他の地方自治体や，同規模の地方自治体等と比較したり，先駆的な取り組み事例について，国からの情報提供の他に学会誌や専門誌等からも情報収集し，参考にする（詳細は第 5 章で述べる）。こうした情報や活動は，伊藤によると「相互参照」と命名されており，行政が新たな課題解決に挑戦する際の「不確実性」を減弱させる意義がある（伊藤 2002：18-32）。

　なお，実際の目標値の算出や推計が難しい場合は，地域の実態に即した目安の値を設ける方法を採ることがある。たとえば，「住民の日常生活における歩数の増加：現在の歩数よりも1000歩増やす」のように，住民の行動変容が必要な場合には，＋10分間長く歩けばよいことが伝わる書きぶりにしておく必要がある。また，理想よりも少し低めの値を目標値として設定し，「現状よりも少しでも改善すれば OK」と考える場合や，「希少疾患・難病に関する情報提供の機会：増加」のように，「増加」や「減少」といった方向性のみを示す場合もある。

---

(22)　Donabedian, A. An Introduction to Quality Assurance in Health Care. P. 46-57. Oxford. 2003：厚生労働省「標準的な健診・保健指導プログラム【平成30年度版】」。

②目標達成に向けた役割分担，関係者間の調整

　事務局を担う担当課は，関係各課から目標や目標値の案を取りまとめ，類似の内容や重複しているものの有無を点検する。類似するものについては複数の課で協力して取り組むか，メインで担当する課を決めた方がより成果を上げられるのかといった観点での調整や役割分担が生じることもある。

　さらに，担当課が現状に対して非常に高い理想の目標値（期待値基準という）（西尾 2001：259-262）を掲げてきた場合，「一定の水準まで達成できれば OK とする」という充足値基準（西尾 2001：259-262）となるように修正することがある。また，非常に限定的な改善に留まることが予測される場合には，限界値基準（西尾 2001：259-262）として低めの値にするかどうかの検討が必要になる。事務局は，前計画や関連計画の評価結果や数年後に実施される評価を見越して，関係者と検討・協議していく。

③素案作成

　事務局となる担当課は，関係各課からの目標，施策，評価指標，目標値の案と調整が一段落した段階で，次の審議会の検討に間に合うように計画書の素案（以下，計画案とする）を作成する（表 2-5）。また，次回の審議会で検討・整理すべき課題を確認し，円滑に検討が進むように資料を作成する。さらに，計画案に対するパブリックコメントの募集に向けた準備も進める。自治体によってはこの段階で首長と事前協議を行い，施政方針や自治体の政策とのすり合わせが行われる場合もある。

（3）第 3 四半期

①計画案の確認・修正，計画案に対する職能団体，住民等への意見聴取

　審議会は，たたき台となる計画案が出揃った段階で開かれ，各部会（名称は自治体により異なる）からの報告について確認する。また事務局は，計画案の検討・整理すべき課題について資料を提供し，審議会で検討してもらう。特に関係者の役割分担に関しては，慎重な検討・調整を要する。

　また，諸般の事情で委員に含まれていない職能団体や住民団体（PTA 連合

表 2 - 5　計画の素案の構成について

第 1 章　計画策定について	0　首長挨拶 1　趣旨 2　策定の背景：国の取り組み，自治体の取組 3　法的な位置づけ（根拠法令） 4　自治体の計画体系上の位置づけ 5　期間 6　策定方針・体制
第 2 章　現状と課題	1　地域全体の人口や世帯数 2　人口動態統計の現状（出生率，死亡率，平均寿命・健康寿命等） 3　住民の健康状態と医療費等の状況 4　前計画（第○次計画）の評価と課題
第 3 章　基本理念と基本目標	1　基本理念（国の政策や地方自治体の条例を基に作成） 2　基本目標 3　施策体系
第 4 章　活動指針と施策	・分野別の目標，施策，取組，目標値
第 5 章　体制	1　体制：行政と住民，関係機関の共同による推進活動 2　計画の進行管理・評価：進捗状況の確認，達成度の評価方法，評価基準
資料編	・アンケート調査報告書 ・健康増進計画審議会条例 ・健康増進計画策定検討委員会設置要綱 ・審議会や委員会の委員リスト ・計画策定のプロセス：関連会議の開催実績，地域住民説明会の開催実績，パブリックコメントの実施結果 ・評価指標一覧 ・関連事業一覧 ・用語解説

出所：「兵庫県健康づくり推進プラン―第 3 次―（令和 4 ～ 8 年度）（案）」より引用・改変して作成。

会，校長会，障がい者団体等）については，担当者が直接出向いて計画案に対する意見を聴くこともある。こうした意見聴取の作業を経て，計画案の内容や細部の表現を詰める修正・検討が行われる。

　健康増進計画の場合は，国（地方厚生（支）局）からの技術的助言を受けるため，10月および12月頃に計画案を提出する。(23) なお，前項の素案と同様に，適宜首長と計画案について事前協議する場合がある。

②計画案公表，パブリックコメントの実施と対応

第3四半期には，地方自治体の広報媒体等を活用し，計画案を広く公表する。計画案に対する意見等を募るために，公表日から30日以上の期間を定め，パブリックコメントを募集する（なお，行政手続法は地方自治の尊重を図るため適用は除外〔第3条3項〕。別途，各地方自治体が条例〔要綱〕等を定めて対応〔第46条の努力規定〕）。

一般的に住民は，郵便，電子メール，ファクシミリ，直接来庁して提出するといった方法で意見を示す。事務局は，寄せられた意見を集計し，内容を吟味する。事務局だけでは対応が難しいものについては，施策の主管課に振り分け，計画案の表現や内容の修正方針について検討し，コメントに対する回答書を作成するように依頼する。計画案への反映が難しい場合は，その理由を示すことになる。たとえば，既存の計画に含まれている施策や事業に関する意見については，その掲載項目を示すことで対応する。また，現在の計画案でカバーできている場合は，そのことを丁寧に説明する。回答書は事務局で取りまとめ，審議会等に諮った上で，ホームページ等を通じて住民のコメントに対する回答という形で公表する。

（4）第4四半期

①完成に向けて計画案の最終確認・修正

計画案は，各方面からの意見や検討に基づき修正され，庁内の会議や審議会での最終審議・承認を経て完成間近となる。審議会の議長名で計画案を付し，首長に「答申」（神原・大矢野 2015：16-30）として提出される（なお，自治体によっては先に首長に答申し，その後パブリックコメントを募集する場合もあるため，各組織の策定スケジュールを参照のこと）。

②計画案策定の決裁，議会報告・承認⇒住民への公表

地方自治法では，「普通地方公共団体は，条例で普通地方公共団体に関する

(23)　厚生労働省健康局「都道府県健康増進計画改定ガイドライン（確定版）」平成19年4月。

事件（法定受託事務に係るものにあつては，国の安全に関することその他の事由により議会の議決すべきものとすることが適当でないものとして政令で定めるものを除く。）につき議会の議決すべきものを定めることができる。」（地方自治法第96条第 2 項）と定められている。健康増進計画はこれに該当するため，計画案を策定した経緯と主な内容について定例議会での報告と承認が必要になる。[24]

　議会の承認後，計画は正式なものとして広報やホームページ等を通じて住民に公表される。本編はボリュームがあるため，コンパクトな概要版の PDF や冊子体を作成し，関係各所に配布・共有したり，広報に掲載する場合もある。

4　策定後のスケジュール

（1）策定後の計画の進捗管理

　計画を実行するには，住民の協力を得て PDCA サイクルを回すことが重要である。計画策定を住民と一緒に取り組んでもらう仕掛けづくりの重要性が示されている（神原・大矢野 2015：16-30：吉岡・藤井・塩見・片山・細谷・真山 2021：876-887）。健康増進計画の具現化は，健康という万人に共通する切り口で住民主体の地域づくりを進め，地域全体の健康レベルの向上に寄与できる好機でもある。このため，多くの住民に計画の内容について知ってもらうとともに，さまざまな団体，事業所，医療保険者，マスコミ等からも協力を得る必要がある。

　「国民の健康の増進の総合的な推進を図るための基本的な方針」によると，自治体は策定した計画を推進するために，住民，学識経験者，関係機関等の代表者，行政機関の代表者等をメンバーとする会議体を立ち上げ，彼らとの協力・連携を得て具現化する。[25]また自治体は，地域・職域連携推進協議会や，庁内の推進組織として各部・課の長で構成される会議体の活用を通して，確実に

（24）　総務省「 3 ．議会関係（ 2 ）法第96条第 2 項の規定による議会の議決すべき事件に関する調（平成30年 4 月 1 日現在）」。

計画を進める責任がある。自治体によっては，個別計画の進行管理を確実に進めるべく，年度別の計画や目標値を設定し，取組状況をまとめているところもある（神原・大矢野 2015：16-30）。

（2）中間評価の考え方

　健康増進計画は，「国民の健康の増進の総合的な推進を図るための基本的な方針」に定められているように10年間と長期にわたって施行される。このため，5年目の中間評価の段階で，当初設定した目標値が住民の実態に合わなくなっていたり，とうてい達成できそうもないことが判明する場合がある。このような場合，中間評価時に目標達成が出来なかった理由や背景要因の検討，および6年目以降の介入方法の軌道修正等を検討する必要がある。中間評価時に目標値を修正・削除・追加する場合には，データや先行研究の根拠に基づいて判断する。議会等でも修正の経緯について説明が求められることを念頭に置いて対応する（具体的な方法論の詳細は第5章で説明）。

（以上，吉岡京子）

5　計画策定におけるビジョンの重要性

（1）ビジョンはなぜ大切か

　計画策定を進める際には，各分野の政策の目的や意義等を整理し，整合性を図る重要性があることを前述した。このプロセスの初期段階に，計画のビジョンが作成される。ビジョンは，組織にとって道標となる（Ledlow, Bosworth & Maryon ed. 2023：213-224）。健康増進計画は，ヘルス部門のごく一部の仕事にしかすぎない。しかし，住民の健康増進は，医療費や社会保障費と密接に関連している。また，中長期的な取り組みを継続的に行う必要があるため，地方自治

---

(25)　厚生労働省「国民の健康の増進の総合的な推進を図るための基本的な方針」平成二十四年七月十日．厚生労働省告示第四百三十号。

体の重要課題の一つに位置付けられている。この課題は，行政が旗を振るだけでは達成できない。行政内外の関係者や住民から理解と協力を得て，みんなで進めていく必要がある。

　詳細は後述するが，大まかなステップは，①事務局が下準備をしてビジョンのたたき台を作る，②計画策定に関わる関係者とビジョンのたたき台について協議する，③計画策定の委員会のメンバーで②の結果を共有・検討する，である。ビジョンを作成するプロセスを通して，メンバーが計画策定の対象や目的について共通理解を持ち，自治体の現状と将来像について共有できれば，目標達成に向けたベクトル合わせや作業を進めやすくなるだろう。

　誤解を恐れずに言うとすれば，ビジョンは，正確性はそこまで重視されていない。なぜならば，具体的な方策は事業として示されるからである。このため，ビジョンの中で詳細な道筋を示す必要性は低い。一方，ビジョンでは，計画策定の骨組みとなる各施策や具体的な事業が，適正かつ時宜にかなっていることを示せるとよい。また，ビジョンは大きな絵を示しつつも，具体的かつ実践可能な内容になっているとよい。事務局は，下準備として「自分たちの地域・住民がどうなるとよいのか」という大きな絵を描き，それに向けて「私たちはそれを実現するために，何をすべきか」という内容を，端的かつ網羅的に表現した形のキャッチフレーズで示すことになるだろう。

　健康増進法の第 1 条には，「この法律は，我が国における急速な高齢化の進展及び疾病構造の変化に伴い，国民の健康の増進の重要性が著しく増大していることにかんがみ，国民の健康の増進の総合的な推進に関し基本的な事項を定めるとともに，国民の栄養の改善その他の国民の健康の増進を図るための措置を講じ，もって国民保健の向上を図ることを目的とする」と書かれている。続く第 2 条から第 4 条は，国民，行政機関，健康増進事業実施者の責務を，第 5 条には医療機関等の関係者が，互いに協力して取り組みを進める必要性を示している。しかし，健康増進や保健の向上と言われても，あまりピンとこない人もいるだろう。さまざまな立場の関係者や住民に健康増進計画の意義を理解してもらうためには，この法律の趣旨を分かりやすく言い換えることが鍵とな

る。

　また，地域住民の生活習慣や価値観，文化，気候，交通，食品といった，いわゆる健康の社会的決定要因[26]は多様であり，健康に影響している。国の法律には，詳細な内容や方法までは定められていない。これは，地方自治の実務を担う地方公務員に「裁量」を持たせるためである（森田 1984：25-55）。つまり，現場サイドで法の解釈や運用を行い，地域の実態に即して検討や決定を進められるように幅を持たせている。このため，法の目的は全国共通だが，それを目指す道筋や具体的な方法論（すなわち分野別の施策や事業等の住民サービス）は，各自治体で個別に検討・実行・評価・修正することになる。

（2）ビジョンをどう作成するか

　表2-6にビジョン作成時の枠組み，考慮すべきポイントとそのプロセスをまとめた。ビジョン作成時の枠組みとして3点が用いられている。すなわち，1点目は，組織の核となる理念や大原則（原文では Core values and beliefs）である（Collins & Porras 2008 117-137；コリンズ，ラジアー 2021：155-234）。ビジョンは革新的あるいは普遍的な表現である必要性は低く，自然な表現で，メンバーに浸透する方が望ましい。2点目は，パーパス（組織の存在意義）である（Collins & Porras 2008 117-137；コリンズ，ラジアー 2021：155-234）。これは，当該組織が少なくとも100年間仕事を続けるための手引きに相当する（Collins & Porras 2008 117-137；コリンズ，ラジアー 2021：155-234）。行政組織のパーパスは，地方自治法の第1条の2の条文に書かれている。すなわち，「地方公共団体は，住民の福祉の増進を図ることを基本として，地域における行政を自主的かつ総合的に実施する役割を広く担うもの」である。パーパスは短期では到達できないものである。3点目は，ミッションである（Collins & Porras 2008 117-137；コリンズ，ラジアー 2021：155-234）。ミッションは，組織にとって少々背伸びしないと到達できないような内容でありつつも，一定期間内にある程度達成可能かつ明確

---

(26)　World Health Organization. Social determinants of health: the solid facts, 2 nd ed（en）.

表 2 - 6　ビジョン作成時の枠組み，考慮すべきポイントとその過程

ビジョン作成時の枠組み	考慮すべきポイント	作成過程
1．組織の核となる理念や大原則（原文では Core values and beliefs） 2．パーパス（組織の存在意義） 3．ミッション	①組織の使命 ②基盤となる哲学的思想や価値，文化的特徴 ③目標 ④基本戦略 ⑤パフォーマンスの基準 ⑥重要な意思決定のルール ⑦すべての従業員に期待される倫理的基準	①現状把握 ②現実の吟味（利害関係者の特定，障壁となる課題の整理） ③ビジョンを取り巻くコンテクストの構築（ニーズ，政治経済，社会環境，技術環境等の変化，影響要因の検討） ④ビジョンの選択（新ビジョンの定義とまとめ）

出所：Bryson（2018：269–280）とボイエット・ボイエット（2014：67-78）を引用・一部改変して作成。

　な内容であることが望ましい。パーパスとミッションは混同されやすいが，登山に喩えるとパーパスは目印となる「星」，ミッションは現在「登っている山」に相当する（コリンズ，ラジアー 2021：155-234）。なお，一般企業ではミッションを設定するための方策は，①ターゲティング，②共通の敵，③ロールモデル，④内部変革に整理されている（Collins & Porras 2008 117-137；コリンズ，ラジアー 2021：155-234）（表 2 - 7 ）。行政の場合は，分かりやすさと既存のミッションを踏まえて，方策①を採る場合が多い。

　組織のビジョンを定める際に考慮すべきポイントは 7 つある。すなわち，①組織の使命，②基盤となる哲学的思想や価値，文化的特徴，③目標，④基本戦略，⑤パフォーマンスの基準，⑥重要な意思決定のルール，⑦全メンバーに期待される倫理的基準である（Bryson 2018：269–280（表 2 - 6 ））。健康増進計画に関するビジョンを作成する際には，事務局を中心にこの①〜④を包めた形で，たたき台を作成する。その際，第 1 章で言及した通り，関連分野の既存政策や計画との関係についても検討し，ビジョンについても重複を避ける必要がある。

　また，ビジョンの作成過程は， 4 段階ある（ボイエット，ボイエット 2014：67-78）。地方自治体に適用するために一部表現を改変したが，①現状把握，②現

表 2-7　ミッションを設定する際の 4 つの方策

① ターゲティング	明確かつ定義可能な目標の設定と達成。
② 共通の敵	たとえば同業他社に勝利する，あるいは何らかの健康・生活課題の撲滅や克服等を目指す。
③ ロールモデル	当該業界において，皆のお手本となることを目指す。（※②に比べると数は少なめ。）
④ 内部変革	競争力や健全性があるものの，劇的な変化・構造改革が必要な場合に用いられる。古い体質の組織が再建を進める場合に用いられる。

出所：Collins, Porras（2008：117-137）とコリンズ，ラジアー（2021：155-234）より
　　引用・一部改変して作成。

実の吟味（利害関係者の特定，障壁となる課題の整理），③ビジョンを取り巻くコンテクストの構築（地域や社会のニーズ，政治経済，社会環境，技術環境等の変化，影響要因の検討），④ビジョンの選択（新しいビジョンの定義とまとめ）の段階を経る（ボイエット，ボイエット 2014：67-78）。一般的に企業におけるビジョン作成は，リーダーが中心的に進める場合と，関係者の協力を得ながら検討・作成する場合（Collins, Porras 2008：117-137）に分けられている。計画策定におけるビジョン作成は，1 人で行うことは稀で，後者のスタイルを採る。

　ビジョンを作る作業は，計画策定の全プロセスを凝縮した形で進められる。事務局は，計画策定前に，地域の現状と優先的に取り組む必要性の高い課題案の整理を行う。これは，委員会内外の関係者に同内容を説明する際に役立つ。また，関係者と地域のさまざまな問題の中から，「みんなで協力して解決が必要な課題は何か」を協議・検討してもらう。特に，健康増進計画のような中長期計画は，関係者が多く，その所属もさまざまである。また，メンバーは，必ずしも全員が計画策定の作業に高い関心を持つ者で構成されているわけではない。利害関係者や異なる意見や立場の者，比較的関心の薄い者等もいる。しかし，最終的な目的である「住民の健康と福祉の向上」を達成するためには，色々な立場の関係者が目標達成に向かって協力し合う必要がある。このため事務局は，庁内の幹部や計画策定の委員会メンバーが，現状と課題について共通理解を持ち，順序だててビジョンの意義を思考できるような資料を準備する必要が

ある。

　また，行政では定期的に人事異動が行われる。計画策定の全プロセスを担当
できる者もいれば，道半ばで異動になってしまう者もいる。中長期的な計画策
定では，新たな担当者は前任者と同じように一貫性をもって作業する必要があ
る。ビジョンがあれば，担当者の変更に伴って方針が変わってしまうことをあ
る程度予防できる。

（片山貴文・吉岡京子）

参考文献

一條義治（2013）「新たな総合計画のあり方」『これからの総合計画——人口減少社会
　　での考え方・つくり方』イマジン出版。

伊藤修一郎（2002）『自治体制作過程の動態——政策イノベーションと波及』慶應義
　　塾大学出版会。

大塚敬「基本構想策定義務付け廃止から 5 年　自治体総合計画の最新動向」。https://
　　www.murc.jp/report/rc/column/search_now/sn170512/

神原勝・大矢野修（2015）『総合計画の理論と実務——行財政縮小時代の自治体戦略』
　　公人の友社。

坂本誠（2019）「計画策定業務の外部委託をめぐる諸課題」『都市問題』110。

コリンズ，ジム／ビル・ラジアー（2021）『ビジョナリーカンパニーZERO ——ゼロ
　　から事業を生み出し，偉大で永続的な企業になる』土方奈美訳，日経Ｂ Ｐ。

佐々木信夫（2013）『日本行政学』学陽書房。

西尾勝（2001）「環境変動と政策立案」『行政学〔新版〕』有斐閣。

ボイエット，ジョセフ・Ｈ／ジミー・Ｔ・ボイエット（2014）『経営革命大全 新装版
　　——世界をリードする79人のビジネス思想』大川修二訳，日経 BP マーケティン
　　グ。

森田朗（1984）「行政裁量に関する一考察執行活動における決定分析の試み」『年報行
　　政研究』18。　https://doi.org/10.11290/jspa1962.1984.18_25

吉岡京子（2022）「〈システムの政策・施策〉における公衆衛生看護技術」佐伯和子責
　　任編集『公衆衛生看護学テキスト②　公衆衛生看護学の方法と技術』第 2 版，メ
　　ヂカルフレンド社。

吉岡京子・藤井仁・塩見美抄・片山貴文・細谷紀子・真山達志（2021）「保健医療福
　　祉計画の実行段階における住民との協働に関連する要因の解明」『日本公衆衛生
　　雑誌』68（12）。

Bryson, J. M.（2018）*Strategic planning for public and nonprofit organizations: A guide to strengthening and sustaining organizational achievement, fifth edition,* Wiley.

Collins, J. C., & Porras, J. I.（2008）Organizational vision and visionary organization, *California Review Management,* 50（2）.

Donabedian, A.（2003）*An Introduction to Quality Assurance in Health Care,* Oxford University Press.

Ledlow, G. R., Bosworth, M., & Maryon, T. ed.（2023）*Leadership for healthcare professionals: Theory, skills, and applications, 4 th edition,* Jones & Bartlett Learning.

川崎市「「川崎市総合計画 第 2 期実施計画 素案」について」。https://www.city. kawasaki.jp/170/page/0000092415.html

加東市市民安全部健康課「加東市健康増進計画」第 1 回委員会資料平成26年 1 月16日。 https://www.city.kato.lg.jp/material/files/group/46/shiryo_2014_01.pdf

環境省「令和 3 年版環境白書・循環型社会白書・生物多様性白書」第 1 部第 1 章第 2 節 気 候 変 動 問 題 の 影 響。https://www.env.go.jp/policy/hakusyo/r03/html/ hj21010102.html#n 1 _ 1 _ 2 _ 1

厚生労働省「都道府県健康増進計画改定ガイドライン（確定版）」平成19年 4 月。 https://www.mhlw.go.jp/bunya/kenkou/seikatsu/pdf/ikk-c.pdf

厚生労働省「国民の健康の増進の総合的な推進を図るための基本的な方針」平成 二十四年七月十日，厚生労働省告示第四百三十号。https://www.mhlw.go.jp/ web/t_doc?dataId=00008210&dataType= 0 &pageNo= 1

厚生労働省「介護保険事業（支援）計画の現状と方向性について」。https://www. mhlw.go.jp/file/05-Shingikai-12401000-Hokenkyoku-Soumuka/0000141614.pdf

厚生労働省「次期計画に向けたスケジュール（案）」。https://www.mhlw.go.jp/ content/10904750/000859915.pdf

厚生労働省「標準的な健診・保健指導プログラム【平成30年度版】」。https://www. mhlw.go.jp/content/10900000/000496784.pdf

厚生労働省健康局「都道府県健康増進計画改定ガイドライン（確定版）」平成19年 4 月。 https://www.mhlw.go.jp/bunya/kenkou/seikatsu/pdf/ikk-c.pdf

厚生科学審議会地域保健健康増進栄養部会「健康日本21（第二次）」中間評価報告書. 平成30年 9 月。https://www.mhlw.go.jp/content/000378318.pdf

総務大臣「地方自治法の一部を改正する法律の公布について（通知）」総行行第57号 総 行 市 第51号 平 成23年 5 月 2 日。http://www.gichokai.gr.jp/keika_gaiyo/pdf/ h23_kouhu.pdf

総務省「3．議会関係（2）法第96条第 2 項の規定による議会の議決すべき事件に関する調（平成30年 4 月 1 日現在）」。https://www.soumu.go.jp/main_content/000610078.pdf

富士見市健康づくり審議会条例。https://www 1 .g-reiki.net/fujimi/reiki_honbun/e336RG00001230.html

横浜市「「健康横浜21」第 2 期計画の期間延長及び第 3 期計画策定時期の変更について（案）」。https://www.city.yokohama.lg.jp/kurashi/kenko-iryo/kenkozukuri/21/suisinkaigi.files/0168_20220125.pdf

「厚生労働省医政局長通知．医療計画について．一部改正医政発0731第 4 号．平成29年 7 月31日」。https://www.mhlw.go.jp/file/06-Seisakujouhou-10800000-Iseikyoku/0000159901.pdf

「埼玉県歯科口腔保健推進計画（第 3 次）」。https://www.pref.saitama.lg.jp/a0704/dental/ikenbosyu.html

「母子保健計画について（平成26年 6 月17日雇児発0617第 1 号厚生労働省雇用均等・児童家庭局長通知21)」。https://www.mhlw.go.jp/web/t_doc?dataId=00tc0183&dataType= 1 &pageNo= 1

「医療費適正化に関する施策についての基本的な方針（平成29年12月19日一部改正）」。https://www.mhlw.go.jp/file/06-Seisakujouhou-12400000-Hokenkyoku/0000190697.pdf

「令和 2 年度沼津市健康増進計画等策定支援業務委託　公募仕様書」。https://www.city.numazu.shizuoka.jp/business/proposal/2020/kenkozoshin/doc/shiyosho.pdf

「兵庫県健康づくり推進プラン──第 3 次──（令和 4 ～ 8 年度）（案）」。https://web.pref.hyogo.lg.jp/kf17/documents/purannhonnbunn.pdf

World Health Organization. Social determinants of health: the solid facts, 2 nd ed（en）．https://apps.who.int/iris/handle/10665/326568

第3章

会議体の設置と住民との協働の確立

この章では計画策定に必要な会議体の設置とそのための調整に関する方法，策定した計画を日常業務において実行に繋げるための関係者や住民との協働の方法について説明する。ここで取り扱う内容は，計画の内容そのものではなく，計画の策定や実行を可能にするための条件づくりに位置づく。評価の指標（Donabedian 2007：84-89）であるストラクチャー，プロセス，アウトカムでいうと，ストラクチャーの部分をいかに築き上げるかということである。実務としてはかなり重要な位置を占める。

1 協働体制の確立

計画策定を行うためには，事前準備を含め全過程において，計画内容に関係する庁内外の組織・住民団体等との組織横断的な調整を漏れなく行い，協働体制を確立することが重要になる。このことが，日常業務における計画の活用や計画実施の成否を左右するとも言える。まずは，計画策定のための会議体を立ち上げる前の事前準備として，以下に示すような体制づくりが必要となる。

（1）課内の体制づくり

多くの計画では事務分掌に基づき主管課が確定し，主管課内に事務局が置かれる。事務局には主・副担当者等の数名が割り当てられ，それらの担当者が中心となり策定を進めていく形が一般的であろう。庁内外や住民等の外部との協働体制の基盤として，まずは主管課内の体制づくりを行い，足元を固める必要

がある。

　課内の体制づくりにおいて必要不可欠なものは，庁内連携の繋ぎ役となる「課長職」の計画策定への意欲とリーダーシップである。計画策定のプロセスでは，課を超えた庁内外の調整が非常に多く必要になる。課を超えた調整や協議は当然，課長の許可なくしてできるものではない。まずは課長職同士の協議により計画策定への協力について合意を取り付けてもらうなど，課長職が果たす役割は非常に大きい。

　しかしながら，課長職とは言え，たとえば異動してきたばかりの場合は，策定が義務付けられている法定計画であっても，計画策定の必要性を真に理解しているとは限らない。このような場合，まずは担当者から課長職に対し，これまでの計画の内容や進捗の経緯について具体的な現場の実態や課題とともに説明し，次期計画策定に向けたねらいを担当者の立場で伝えることにより，計画策定の必要性を理解してもらうことから始める必要がある。そのための前提として，担当者自身が計画策定の必要性を深く理解していることが必要となる。担当者自身も異動直後の場合などは，前任者からの引き継ぎを受けるとともに，課内の保健師やケースワーカー等の第一線職員（真山 2001：100）から現場の実態や課題等について情報を得て，策定する計画の意義について理解を深める努力をすることが大切である。

　また，計画を策定する意義は，分野にかかわらず組織メンバーが組織の使命を理解し，その活動目標や今後の活動をあらかじめ知ることができるところにある。しかしながら，計画の中身を十分に理解しているのは策定に参加した担当者のみで，策定された計画書は棚に並べられたままといった光景がしばしばみられる。計画策定を義務的な作業とせず，組織における日常業務の羅針盤として活かすためには，担当者とそれ以外の課内職員との計画策定への温度差をできるだけ生まないようにする必要がある。そのため，策定のプロセスにできるだけ課内職員の関与を得られるようにし，策定内容について合意を形成しながら進めることが大切である。たとえば，計画策定の準備段階においては実態把握のためのニーズ調査の項目について意見を求めたり，策定途中では基本目

標や計画の素案を固めるタイミングにおいて情報を共有し意見を集約するといった工夫が必要である。また，各担当分野の計画内容については当該業務を担当する職員が案文を作成するなど，課内職員が計画策定に直接関わるプロセスをつくることも有効な手段となる。このような課内職員の参画のもと計画策定を進めるためには，課長職のリーダーシップが重要となる。

くわえて，計画策定の作業は毎年決まって行われるようなルーティン業務ではなく，数年おきに行われる場合がほとんどである。そのため，準備にかかる年度からあらかじめ担当者を決めておくことも必要である。担当者の選定は，たとえば当該分野の業務の全体を理解している経験豊富な職員と若手職員を組み合わせ，次期計画策定を見越して若手職員に経験を積ませるように配慮する。あるいは，行政手続きに詳しい事務職と住民の声を直接聞き取る保健師やケアワーカー等をペアで配置するなど工夫できるとよい。計画策定の業務は，庁内外の調整等，通常の業務に比べ多くの労力を必要とするため，他の業務との配分を考慮し，担当者に負担が集中しないよう調整することも必要である。

最後に，多くの計画では，事務分掌に基づき主管課が確定するが，近年では「分野横断的」と言われるような計画も増えており，自治体組織の事務分掌に一致しない内容を含む計画もある。この場合は，事前調整でどこ（誰）が責任を持つのか，主管課を確定させるところから始める必要がある。

（2）庁内の協力体制づくり

次は，庁内の関連する部・課からの協力が得られるよう事前準備を行う。まずは，計画内容に基づき関連する部や課をリスト化する。たとえば，地域自殺対策計画であれば，厚生労働省による市町村自殺対策計画策定の手引によると，計画の策定は行政トップが責任者として関わる形で，庁内の関係部局が幅

（1）　厚生労働省「市町村自殺対策計画策定の手引～誰も自殺に追い込まれることのない社会の実現を目指して～」。https://www.mhlw.go.jp/file/06-Seisakujouhou-12000000-Shakaiengokyoku-Shakai/0000186730.pdf（2022年9月25日閲覧）

広く参画し，全庁的な取組として進めるように明記されている。このように計画の性質上，庁内横断的な体制を整えることが求められている場合は，特にどの部局の参画を得ると課題への対策を実現することができるかを幅広い視野で考え，そのリストアップをする必要がある。そして，リストに挙がった部や課に，計画策定の必要性や目的，概要，およそのスケジュールなどを丁寧に事前説明し，計画策定への協力を取り付ける。協力を取り付ける際には，必ず担当者（窓口）を選任してもらうことが肝要である。

　また，自殺対策計画のような庁内横断的な計画を策定する場合，保健医療福祉に日頃関係の少ない部署も関係者に含まれるため，「うちの部署は当該計画には関係ない」など理解と協力を得にくいことも大いに想定される。このような場合，行政トップが責任者を務める会議体の設置を前提として「全庁的な取組として自殺対策計画を策定すると決定してもらうこと」が重要となる[2]。したがって，次項で説明する会議体の設置に向けた準備を同時並行的に進め，市長または副市長等，行政トップの関与について合意が得られるような準備も必要となる。いずれの計画であっても実効性ある計画を作るためには関係する部・課を巻き込むことが不可欠であり，担当課だけで計画を策定しようとしないことが重要である。これは，課を超えた調整が必要になるため，課長職が役割を発揮する部分である。課長職に役割を発揮してもらうためには前項で説明した通り，計画策定の必要性を課長職がしっかり理解していることが必要である。

（3）関係者間の計画策定に向けた気運の醸成

　前項の通り，計画策定に関与を得る担当者は，保健医療福祉分野の職員に限られるわけではなく，当該計画の課題について無関心であったり，上司の命令で担当にはなったものの計画策定の必要性を感じていなかったりすることも少

（2）　厚生労働省「市町村自殺対策計画策定の手引～誰も自殺に追い込まれることのない社会の実現を目指して～」。https://www.mhlw.go.jp/file/06-Seisakujouhou-12000000-Shakaiengokyoku-Shakai/0000186730.pdf（2022年9月25日閲覧）

なくない。そのことを担当者は認識しておく必要がある。そのため，計画策定作業に入る前に，計画に関する研修や勉強会（学習会）を開くことも有効である。国や都道府県等が主催の研修会を開催するケースも多いので，積極的に利用するとよいであろう。たとえば，健康増進計画であればヘルスプロモーションの考え方や，健康寿命・健康格差などのワードの意味を共通理解できるように事務局の専門職が講師になる形で勉強会を開催してもよい。これらの研修会や勉強会の目的は，計画に関する知識や情報を得ることは言うまでもないが，計画作りが始まるという関係者間の気運を高める意味でも重要となる。なお，計画策定に関する国や都道府県等の説明会に参加することは，担当者として当然必要となる。

2　行政内部の会議体設置

（1）内部組織（会議体）の立ち上げ準備

　事前準備を経て，いよいよ内部組織体制の立ち上げに取り掛かる。計画策定には，少なくとも「策定委員会等の親会議」と「作業部会」の設置が必要となる。これら会議体の立ち上げに先立ち，本格的に計画策定作業に入るためには，首長も参加する庁議（調整会議）等で計画策定の開始と担当部局を正式に決定する手続が必要になる。法定計画の場合は，会議で反対や異論が出ることはあまりないので，形式的に決定するだけで実質的には報告に近いものとなる。先ほど紹介した自殺対策計画のように行政トップの参画を得る場合や自治体の独自計画を策定する場合は，事前準備段階で首長を含めた関係者の基本合意を得ておく必要が当然生じる。

　そして，もう一方で，組織の構成メンバー以外にも，事前の協議・情報共有をする必要のある部署がある。自治体の総合計画等との整合性に関しては，政策企画部門，計画内容が財政計画や予算に影響があるときには財政部門，新たな組織の設置など人員配置や組織等への影響がある場合は，総務人事部門との事前協議も必要となる。特に財政部門や総務人事部門との事前協議は，計画実

施の後ろ盾となる予算や人員の確保に直結するため，抜かりなく行うことが重要となる。

（2）決定権限をもつ組織（親会議）の立ち上げ

はじめに立ち上げる会議体は，「決定権限をもつ組織」，いわゆる親会議である。関係部・課による「策定委員会」等がこれにあたる。先ほどの自殺対策に関しては庁内横断的な体制として「いのち支える自殺対策推進本部（仮称）」の設置が例示されている。[3] 事務局はもちろん主管課が担う。この親会議を立ち上げるためには，委員会等の設置要綱や運営要領を定める必要がある。設置要綱や運営要領の構成内容としては，委員会等の目的，所掌内容，組織・構成員・任期，運営（事務局や作業部会の設置，委員会開催の回数や時期など）などが挙げられる。これらは，他の類似の委員会の例に従うとよい。本委員会等が後に説明する「付属機関」の性質を有しないことを記載しておく場合もみられる。構成メンバーは，関係部長や課長等となることが一般的である。

親会議の策定初期段階の役割は，計画の基本方針，策定スケジュールの決定，作業部会の設置などの確認である。これらについて委員会開催に際しては当然，案を準備することになるが，よくもめるのは策定スケジュールである。それぞれの部署で抱える業務と，素案作成の締め切り等がバッティングすることが少なくないからである。事前準備として，策定スケジュールについても他部署の都合を事前に把握し目安の時期や開催回数についておおむね合意を得ておくことが重要である。そのため，会議体の開始時には決定したタイムスケジュールを共通認識することから始め，参加者各自が，当面の目標，いつまでに何をやらねばならないのかというミッションを認識することで，コミットメントを高めることが必要である。これは内部組織のみならず，これから説明す

（3）厚生労働省「市町村自殺対策計画策定の手引〜誰も自殺に追い込まれることのない社会の実現を目指して〜」。https://www.mhlw.go.jp/file/06-Seisakujouhou-12000000-Shakaiengokyoku-Shakai/0000186730.pdf（2022年9月25日閲覧）

る外部組織の会議体を含め，すべての会議体の開始時において重要な事項となる。

　中間段階では，策定作業の進捗管理，調整が必要な事項の確認が中心になるが，一般的にはあまり大きな問題は生じない。最終段階では，計画内容の実質的確定をするという重要な役割を担う。形式的に進めることも多いが，親会議で計画について了解が得られないと先に進めないために重要なプロセスとなる。

（3）策定作業を担う組織（作業部会）の立ち上げ

　先ほどの策定委員会等の親会議は，名称とは異なり，実質的な策定作業を行うことはまれである。そのため，策定作業に関する実務を担う組織（作業部会等）を別途立ち上げることが必要になる。構成メンバーは主管課の主要メンバーおよび関係課の担当者である。この組織は実働部隊になる組織であるが，具体的な作業への関わり方には部・課によって温度差があることも多い。そのために，前述の通り，研修会や勉強会をあらかじめ行っておくことが望ましい。勉強会というスタイルではなくとも，事務局として事前打ち合わせや説明会を開催することは，関係課の担当者に役割を自覚してもらうために必須となるだろう。

　このような準備を行ったとしても，実質的作業の中心は主管課に集中しがちであることを事務局としてはある程度，覚悟しておく必要もあるだろう。そのため，作業部会のさらに下部組織として，策定作業を実質的に担ってもらえるメンバーを中心にワーキンググループを設置することも有効である。子育て世代，成年世代，シニア世代など世代別のグループや，栄養と運動，心の健康と睡眠など分野別のグループを設置する方法もある。主管課を中心としつつ可能な限り計画策定に理解のある関係課の職員もメンバーに入ってもらえるように構成を工夫するとよい。そうすると，自分たちの計画を作っているという意識がそれぞれに生まれ，各課において計画内容の実行に結びつきやすくなる。このような体制が組めないと，特定の担当者が過重負担になり自らの首を絞める

だけでなく，実行段階になって協力が得られず，計画倒れになりがちである。このため，組織立ち上げの当初は，合意形成や意思疎通に労力を要することを踏まえ，実働部隊の体制づくりは手を抜かずに行うことをお勧めする。

3 外部組織体制の立ち上げ

（1）外部組織体制の立ち上げ準備

　計画策定にあたっては，通常，外部有識者や関係団体の代表，住民代表等からなる審議会等を設置する。このような組織は地方自治法第138条の4第3項の規定に基づく附属機関等とする必要がある。審議会等の区分は表3-1の通りである。外部委員を含む審議会を要綱で設置していたケースが違法であるという判例が出されたことがあり，近年は原則として条例による附属機関とする傾向が強まっている。計画策定における審議会等は，外部有識者・関係団体・住民などが計画内容についての検討と提言（報告）の取りまとめを行うものであり，組織の機能からも「条例に基づく」附属機関と考えるべきである。

　審議会等，条例に基づく付属機関を設置するためには，総務部門と表3-2のような項目についての協議が必要になる。設置条例等の制定改廃，報酬条例等の改正については，庁議（調整会議）への付議，議会への提案という手続が必要になるため，時間と手間がかかる。そのため，法改正等があり新たな計画

表3-1　審議会等の区分

分類	設置根拠	構成員の身分	委員手当	設置目的・機能等
附属機関	法律条例	特別職非常勤職員（原則として代理出席不可）	報酬	地方自治法第138条の4第3項の規定に基づき設置される，審査会，審議会，調査会その他の調停，審査，諮問又は調査のための機関
要綱等による組織	要綱	私人	報償費等	上記以外で，有識者や住民から意見を聴取する「私的諮問機関」や，イベントの「実行委員会」等の施策実施主体など

出所：筆者作成。

表3-2　審議会等，条例に基づく付属機関設置に伴う総務部門との協
　　　　議事項

・設置条例等の制定改廃：庁議（調整会議）へ付議→議会へ提案
・報酬条例等の改正：庁議（調整会議）へ付議→議会へ提案
・審議会等委員の選任に関する基準等がある場合：委員予定者の調整

出所：筆者作成。

策定が努力義務化された場合など，新たな審議会等を設置する必要がある際に
は，そのような政策動向を早めにキャッチし，策定作業に入る前段階，少なく
とも前年度のうちから準備を進めておく必要がある。自治体によっては審議会
等委員の選任に関する基準等を設けている場合もあるため，誰を委員にするか
という選定についても総務部門に確認の上，調整が必要となる。

（2）外部組織体制のメンバー選定と依頼

　外部組織のメンバーは事前に事務局であらかじめ選定しておく必要がある。
主な外部組織は，表3-3に示す，医師会などの専門家集団，社会福祉協議会
などの関連領域の公的・準公的団体，病院などの関連領域の事業者，そして住
民組織が挙げられる。その他，有識者や学識経験者が含まれる場合も多い。外
部組織に期待する役割は，計画策定段階では，知識・情報の供給源であり，計
画内容を充実させるために欠かせない。特に専門家集団や有識者は主に知識の
供給源となるであろう。一方，その他の地域に根差した組織は，行政では把握

表3-3　主な外部組織の例

専門家集団	医師会，薬剤師会，歯科医師会，看護協会，調理師会，等
関連領域の公的・準公的団体	社会福祉協議会，各種推進員，商工会議所，農協青年部，NPO組織，等
関連領域の事業者	病院，介護・子育て・障害福祉サービス事業者，等
住民組織	自治会・町内会，まちづくり協議会，障害や疾病のある当事者グループ，家族会，等

出所：筆者作成。

しきれないその地域の人々の生活実態や文化・価値観などについて，幅広い視点から意見具申してもらえるため貴重な情報源となるだろう。

　また，多くの場合，それらの外部組織は，日頃の業務や事業において連携協働している関係機関等でもあり，策定した計画を実施する段階においては事業の担い手や協力者になることが多い。そのため，計画実施を見据えて，協働を推進したい団体や組織を意図的に選定し，策定への協力を依頼することが重要である。たとえば，次期計画では小児期からの生活習慣病対策に力を入れていきたいと考えているのであれば，小中学校の養護教諭部会の代表や，子どもの生活習慣病予防に熱心に取り組んでいる医療機関関係者などを意図的に選定し，メンバーになってくれるように協力を仰ぐことが有効である。このような選定を行えるようにするためには，計画策定のねらいを見定められているとともに，日頃からアンテナを高くし，地域にある社会資源や団体について，その活動状況などを含めた情報収集ができていることが重要である。

　協力を依頼する際には，策定する計画の意義や内容，およそのスケジュールなどに加え，その団体等から委員を選出するにあたり，期待する役割について事前に丁寧に説明できるとよい。たとえば，保健推進員などの組織から委員を選出する場合は，「日頃から乳児の家庭訪問を数多く行っている中で捉えている子育て家庭の実情を基に意見を発言いただきたい」といった意図や，組織の代表として可能な範囲で計画案等について組織メンバーにも伝え，「○○に関する意見を集めていただきたい」などの具体的な説明ができるとよい。そのような説明がないと，多くの組織から外部委員に参加を得たとしても形式的な参加にとどまりかねない。

　審議会は，事務手続きや調整に多くの労力をかけて関係者に参加を依頼し，多様な団体・組織の人々が集まる貴重な機会である。形式上，審議会での承認というプロセスが必要であったとしても，たんにそれだけにとどめるのではなく，地域の実態をよりよく反映した計画策定や計画実行の推進に向けて審議会を意味あるものにすることができるかどうかが担当者の腕の見せ所である。

（3）外部組織体制の立ち上げの手順

　ここまでの事前協議や準備を経て，外部組織の体制確立に向けて以下の決定や手続きを進める。まずは，委員構成を確定し，派遣依頼の事務手続きを行う。相手方の立場，たとえば大学教授などの場合，先方が兼業などの事務手続きを必要とすることもあるため，抜かりないように進めることが無用なトラブルを避けるためにも肝心である。また，委員長・副委員長候補の選定も行う。委員長や副委員長候補の委員には，当然，事前に依頼し内諾を得ておく。

　また，親会議と同様に，審議会等の内部に部会ないしワーキンググループ等を設置するかどうかの決定も行う。行政内部の組織である作業部会やワーキンググループと重ねる形で外部委員もそれぞれの部会やワーキンググループに担当を割り振り，案の検討は，審議会の一段階手前で議論できるようにするといった方法もある。これらの設置については各計画の種類や策定スケジュール等によって判断するとよい。

　くわえて，情報公開条例や会議の公開に関する指針等に基づき，審議会等の傍聴や会議録作成などの基準も決める必要がある。「住民代表」など一般公募の委員を募る場合は，公募要綱案の作成も行う。

　以上の検討内容を設置条例や委員会規則等に反映させる。大変な作業だが，これらの手続については取りたてて独自性を発揮する必要はないので，基本的には過去の事例を参照して淡々と進めればよいだろう。

4　計画策定における住民との協働

（1）住民との協働のねらい

　住民組織や住民代表は，前項で述べた外部組織に含まれ，審議会等の一員でもある。しかしながら，直接的に計画策定に参加しない住民も含めて，計画策定における住民との協働や住民参加はとりわけ重要となるため，ここに取り出して説明する。

　まず，住民という存在は，策定しようとしている計画，たとえば健康増進計

表3-4　住民参加の手段

・計画の素案づくりへの住民の参加（素案づくり） ・アンケート調査による実態把握（アンケート調査） ・インタビュー等，住民から直接意見を聞くことによる実態把握（インタビュー調査） ・計画策定の途中に行う，実態調査の結果や計画案の説明及び意見交換の場の設定（説明会） ・委員会等による計画案審議への住民の参加（審議会） ・策定された計画案の住民への周知と意見聴取（パブリックコメント） ・計画策定等をともに行う住民への研修（研修会） ・計画実施を推進する人材の育成（人材育成）

出所：細谷（2006）を一部改変。

画や地域福祉計画等の保健医療福祉分野の計画における主体であり，当事者であるということを確認したい。一人の人間に置き換えて考えてみよう。Aさんのこれから先5年間を健康に暮らすための計画を，BさんがAさんの知らないところで立てたとしたら，またはAさん自身がやろうと思える内容がすべて反映されずに立てられていたとしたら，その計画はまったく意味をなさないことは当然である。保健医療福祉分野の計画は，その自治体に暮らす都道府県民や市町村民の，健やかで安心できる心豊かな暮らしなどの実現を目指して策定されるものである。当事者である住民の願いが形になり，実現可能な方法が示され，自分たちの計画であると認識されることで計画はその意味をなす。したがって，計画策定に住民が直接・間接に参加することは当然必須であり，その参加の度合いによって，成果，すなわち目標の達成度が左右されるだろう。

　表3-4（細谷 2006：7-13）は少し古いデータだが，保健福祉計画策定に住民が参加した事例が掲載されていた地域保健や公衆衛生関連の5年分の雑誌の記事をもとに，住民参加の手段を整理したものである。この枠組みを用いて，成果のあった住民参加による保健福祉計画策定における行政職員の行為の意図・理由および行政側の策定体制の特徴を明らかにするためにインタビュー調査を5自治体に対して行った。インタビューの対象は，事務職，保健師，管理栄養士，社会福祉士が含まれている。成果のあった住民参加に関する行政職員

の行為の意図や理由の特徴は，「①計画を策定するのみでなく実行できるように
することを住民参加のねらいとしている」「②日常業務において地域の健康
課題を捉えているため，住民に期待する役割や住民参加の効果を明確に認識し
ている」「③日常業務の経験から住民が役割を発揮できるような参加状況を作
り出すための支援の必要性を予測している」の 3 点であった（細谷 2006：7-
13）。①と②について具体的には，「生活者・健康課題の当事者である住民がも
つ情報・意見を具体的対応策の立案・実施に活用する」「行政が主導した活動
だけでは限りがあり活動の普及には効果が薄いと考えた」などがみられた。保
健福祉部門は，常日頃から住民への直接的支援や住民との協働を行っている
「第一線職員」（真山 2001：100）が集まっている組織である。そのため，計画策
定と日常業務とを切り離さずに考え，日頃から捉えている課題解決のために計
画策定を通して住民の力を活かすという明確な目的意識を持っているかどうか
が成果に繋がるカギになると言える。矢代隆嗣（2017：52-53）は，住民参画・
協働におけるコミュニケーションにおいて，手法から検討するのではなく，ま
ず，「‘何のため，どのようなことを実現したいのか（目的・目標）’を明らかに
することがポイントである」と説明し，「その上で考慮しなければならない制
約（時間や費用など）を前提に目的・目標を実現できる手段（手法・手順）を創
り込み，その準備から入らなければならない」と述べている。計画策定におい
て意味ある住民との協働を実現させるためには，まず「住民の参加を得る必要
性やそのねらいを明確にすること」，これが重要となる。

　また矢代（2017：52-53）は，住民参画・協働により政策形成を進める場合，
物言わぬ多数派（サイレント・マジョリティ），社会的少数派（マイノリティ）の
意見・ニーズをいかに把握するかも重要な課題と説明している。サイレント・
マジョリティの一集団と言える「健康無関心層」について，厚生労働省が令和
元年に行った国民健康・栄養調査[4]によると，20歳以上の食習慣について「改善

（4）　厚生労働省「令和元年 国民健康・栄養調査報告」。https://www.mhlw.go.jp/
content/000710991.pdf 1 （2022年10月 9 日閲覧）

することに関心がない」は男性16.5％・女性10.7％，「関心はあるが改善する
つもりはない」は男性24.6％・女性25.0％であり，それらを合わせると約4割
になる。運動についてもほぼ同様の結果であり，「改善することに関心がない」
「関心はあるが改善するつもりはない」を合わせると同じく約4割を占める。
また，障害者基本計画（第4次）[5]には，「『Nothing About Us Without Us ＝私
たちのことを，私たち抜きに決めないで』の考え方の下，『Inclusion ＝包摂』
を推進する観点から，障害者を施策の客体ではなく，必要な支援を受けなが
ら，自らの決定に基づき社会に参加する主体として捉えるとともに，障害者施
策の検討及び評価にあたっては，障害者が意思決定過程に参画することとし，
障害者の視点を施策に反映させることが求められる」と明記されている。これ
ら物言わぬ多数派や社会的少数派の人々の意見・ニーズは，保健福祉分野にお
いては，地域の課題の核心的な部分である場合も多い。これらの人々の意見・
ニーズを明らかにすること自体が，計画策定のプロセスにおいて重要な意味を
もつ。その必要性を担当者は明確に認識することが求められる。

（2）住民との協働の方法

　世古一穂（2001：39-40）は，市民（住民）参加の成否は，その運営の「技術」
とそれを支える「理念」による部分が大きい，と述べている。シェリー・R・アー
ンスタイン（1969）は，参加のレベルを8つに分類した「住民参加のはしご」
を提示している（図3-1）。この中で，「4．Consultation（協議・意見聴取）」は，
「形だけの住民参加」に位置づいている。計画策定において，審議会や策定委
員会など外部組織を立ち上げ，そのメンバーに一般公募の住民代表や住民団体
の代表を含めることは，多くの自治体で行われている方法ではないだろうか。
審議会等の場で住民がほぼ意見を発言することもなく，その場に出席している
だけであれば，あるいは，発言したとしてもそれが計画内容に反映されるとい

（5）「障害者基本計画（第4次）」。https://www8.cao.go.jp/shougai/suishin/pdf/kihonkeikaku
　　30.pdf（2022年10月4日閲覧）

86

8. Citizen Control 　　住民によるコントロール	Degrees of Citizen Power 住民の力が活かされる真の参加
7. Delegated Power 　　権限の委譲	
6. Partnership 　　パートナーシップ	
5. Placation 　　懐柔	Degrees of Tokenism 形だけの住民参加
4. Consultation 　　協議・意見聴取	
3. Informing 　　情報提供	
2. Therapy 　　セラピー	Nonparticipation 住民参加ではない
1. Manipulation 　　あやつり	

図3-1　「住民参加のはしご」の8つのステップ
出所：Arnstein (1969)。訳は筆者。

う保証がなければ，たんなる形だけの住民参加になってしまう。「住民参加を
しました」という形式だけの審議会とならないように，先に述べたように住民
の参加は必須であるという担当者の「理念」や住民参加を得る明確な「目的・
目標」とともに，参加した住民が意見を言えることを保障するような運営の「技
術」も必要となる。

　先に示した調査（細谷 2006：7-13）の結果に，成果のあった住民参加には「③
日常業務の経験から住民が役割を発揮できるような参加状況を作り出すための
支援の必要性を予測している」が含まれた。具体的には「住民活動を支援する
必要性や方法を学習したことがあった」「会議の間があくため，間をつなぎ，
お礼を伝え，意見を聞く必要があると考えた」などである。具体的にどのよう
な支援や技術が必要になるのか，以下に説明を続ける。

（3）住民の役割発揮への支援と住民・行政相互の学び合い

　計画策定において，住民が役割を発揮できるような参加状況を作り出すためには，当事者でなければ語ることのできない「意見・ニーズ」を住民が審議会などの会議の場で発言できるように，準備を支援することが重要になる。千葉県において日本で初めて障害者への差別をなくす条例をつくろうとした人々の熱く生々しい物語を例に考えてみよう。

　野沢和弘による『条例のある街——障害のある人もない人も暮らしやすい時代に』の中には，知的障害のある委員に対する当時の千葉県障害福祉課長の関わりの様子が詳細に記されている（野沢 2007：14-16）。当時の課長は知的障害のある委員が作業部会でなかなか議論についてくることができないのに気づき，あらかじめ配布する資料の漢字に平仮名でルビを振ったそうである。ここまでは現在においては合理的配慮として義務と言える内容である。しかし，それでも難しそうだということに課長は気づいた。行政機関が作成する資料は難しい表現や硬い文体が多く，平仮名にすれば分かるというものではない。そこで，その課長は，作業部会が開かれる前に，知的障害のある委員が暮らしているグループホームに資料を抱えて訪ねていき，マンツーマンで予習をしたそうである。3・4時間かかることがあっても，彼ら知的障害のある委員は自分なりに飲み込み，次の作業部会で発言する内容をメモに書いて持っていき，それを読み上げた。緊張して途切れがちになったりしたが，多くの委員の前で発表した時の，照れているようで少し誇らしげな顔が印象的だったと記されている。そして，続く文章のなかで，課長は，「教えに行っているつもりだったが，グループホームの中で何時間も一緒にいるうちに，知的障害のある方の暮らす場所とは何なのか，僕の方が勉強させられました」と語っている。自分が千葉県の課長として何をやるべきなのかが腹の中にしっかり落ちていったということである。

　このプロセスからは，住民参加とはどのようなものであるか，その本質的な意味を学ぶことができる。真に住民の参加を得るにはそれぞれの人の必要性に応じた支援が必要であり，その支援のプロセスはたんなる一方的な支援ではな

く，担当者として参加を得る住民のニーズを深く理解できる機会になる。それは計画策定において何を目指すべきなのか，担当者として果たすべき役割は何かを考えさせることになる。つまり，計画策定に住民の参加を得ることは，住民と行政職員とが相互に学び合う機会になるのである。上記の書籍には知的障害のある委員が発言した後に関する記載はみられなかったが，住民が発言した後のフォローアップができると，経験が自信に繋がり，さらなる役割発揮の後押しとなる。

　また，アーンスタイン (1969) の「住民参加のはしご」の「6.」に「パートナーシップ」がある。真山 (2001：145) は，住民と行政のパートナーシップによって「まちづくり」を進める場合，「まちづくりに必要な知識・情報は行政側が圧倒的に多く持っているという地域が一般的であり，このような知識・情報のアンバランスを是正する努力が求められる」と述べている。たとえば，健康増進計画であれば，ヘルスプロモーションの考え方など重要な概念や基本的な情報をあらかじめ勉強できる研修会や説明会を設けるといった対応が必要である。これは「関係者間の計画策定に向けた気運の醸成」の項でも述べた通りである。

　くわえて，知識・情報という面で，行政側は施策に関する情報や専門分野の知識を一般の住民より多く持っているように思うかもしれないが，その地域に根付いている生活習慣や文化的背景は，住民の方が深く理解しており，特定の健康課題や福祉的課題についてはそれを持つ住民にしか分からないこともある。そのためこれらの情報について行政側が積極的に収集することも必要である。先に示した調査（細谷 2006：7-13）において，成果のあった住民参加の手段は「素案づくり」「インタビュー」「説明会」「研修会」「人材育成」であった。一方，林沼 (2016：149-150) によると，全国の「市」と「特別区」について自治基本条例，市民参加条例，協働条例と呼ばれる条例を制定している自治体の条例を調べた結果，参加・参画の手法として，①パブリックコメント，②審議会等，③ワークショップ等，④市民説明会，⑤市民アンケートの5つが挙げられていた。これと先ほどの調査結果とを比較すると，「素案づくり」や「イン

タビュー」,「研修会」,「人材育成」は見当たらない。これらの手段は日頃,住民への直接的な支援を担っている保健福祉分野の計画策定において特徴的な手段と言えるかもしれない。参加を得る住民に期待する役割が明確であったことが,成功した住民参加の要因に挙げられていた。たとえば,糖尿病の罹患者が全国に比較して多いことが課題であった場合,糖尿病予防のためのサークル活動に参加している人,あるいは糖尿病性腎症により透析導入になった人など課題の当事者を選定してインタビュー調査を行うことも情報収集や実態把握の方法として有効であろう。糖尿病の罹患に至るその地域の生活スタイルに共通した課題や予防のためのポイントを浮き彫りにすることができるかもしれない。日常業務においてこれらの実態がつかめていればなおよいことであるが,そうではない場合,計画策定のチャンスにこういった手法を用いることも有効と言える。

（4）広聴・広報──行政手続きと日常業務

　これまで述べた素案づくりや審議会への参加,インタビューなどを通して,計画策定のプロセスに直接関与できる住民はごく一部に限られることも事実である。そのため,地域の自治区別に「市民会議」等を設け,小地域ごとにテーマに関して議論してもらい,さまざまな意見をまとめるなどの方法や,策定途中において公募等により参加者を幅広く募り,「市民説明会」等を開催するといった方法を検討することも必要となる。また,計画原案ができた段階でパブリックコメントを行うことにより,広く住民に計画案を周知し意見を求める手法も多く行われている。市民会議,市民説明会やパブリックコメントを実施する際には,庁内の事前協議や議会への報告,実施に関する住民への周知,結果公表等の手続きが必要となるため,あらかじめ実施について検討し準備を進める必要がある。パブリックコメント制度は,現在では多くの自治体で実施されており,自治基本条例で制度化している自治体や,個別に条例化している自治体もある（林沼 2016：149-150）。しかしながら林沼は,市民参加のための新たな手段もいったん制度化されると形式化・形骸化し,パブリックコメント制度

についても，「当初は大きな関心が持たれ注目されたが，一部の自治体では条例化されて行政手続きの一部になり，市民からの意見も少なく注目されなくなってしまった」と述べている（林沼 2016：141-142）。市民会議についても，参加者が退職世代の男性に偏りやすいほか，討議を経て意見が変わる人の割合も概して少ない（高橋 2016：90-91）などの課題もみられる。市町村において保健福祉分野に限っても，行政計画は片手で収まらない数を策定する必要があり，それらすべてに市民会議を開催しても実際に参加できるのは同じようなメンバーに限られるといったことは想像に難くない。行政手続きとしてある程度淡々と進めざるを得ない部分もあり，時間や費用などの制約を考慮し可能な方法を選ぶことが現実の選択となる。しかしながら，安易に形式に走らず，一部であっても住民の参加を得るねらいに即した方法の検討がやはり重要である。広聴と広報による住民との信頼関係づくりは行政の基本であり（太田 1983：37-50），第一線職員である利点を生かし，日常業務の中で住民との対話を積み重ねていけることが最も望ましい姿である。

　最後に，先の調査（細谷 2006：7-13）の結果，成果があった住民参加による保健福祉計画策定において住民の力を活かすための要因として，「一部の担当者だけではなくスタッフ職員の多くが計画策定に参加し，住民の参加は必要と考えている」があった。このため，本章の冒頭で説明した課内・庁内の体制づくりにおいては，担当者以外のスタッフ職員が計画策定に参加する体制づくりや工夫を行い，当該地域が直面している課題解決のために，住民参加が必要だという意識を共有できるように，職員間の対話の場をつくることも重要となる。

5　庁内外の関係者・住民との協働や調整のコツ

　ここからは，（1）〜（4）に示したさまざまな庁内外の関係者・住民との協働や，会議体の設置に伴い必要となる目的の共有化・調整のコツについて説明していく。

（1）合意形成と合意調達

　はじめに，目的の共有化や調整のパターンとして合意形成と合意調達について説明する。計画策定を進めるうえでは庁内外のさまざまな組織や団体に所属する関係者や多様な背景をもつ住民と協議を重ね，計画書として一つの形にまとめ上げていくことになる。そのプロセスではそれぞれの立場や組織の使命を背景に利害関係や意見の対立が当然生じうる。一番身近な同じ組織内の担当者同士であってもA案を前面に出したい人とB案を押したい人と意見の食い違いが生じることもあるだろう。所属の課長と意見が対立するかもしれない。予算措置や新たな人員配置が必要な施策を計画に明示するかどうかについて財政部門や人事部門と対立が生じたり，外部機関同士においても地元の医師会と公立病院との利害関係が対立するなど，さまざまな意見の相違が生じるのは想像に難くない。林は，通常，交渉の当事者は共通の目標と対立する目標の両者を同時にもっているという（太田 1983：37-50）。そして，交渉の定義として以下の3つを紹介している。

(1) 2人以上の人々（当事者）が異なる選好を持ちながらも，互いに依存し合い，ある合意に到達するプロセス
(2) 異なる選好構造をもつ人々がそれぞれの選好を実現するために互いに活動を調整し合う，相互依存プロセス
(3) 2つ以上の複雑な社会的単位（個人，集団，組織など）がそれぞれの相互依存関係を定義あるいは再定義しようと試みる，意図的な相互作用

　この定義を踏まえ，(1)のプロセスを「合意形成」と呼び，(2)のプロセスを「合意調達」と呼ぶこととし，計画策定の場面に限って考えてみる。
　「合意形成」は，ともに作り出すパターンであり，計画内容の検討などの際に用いる。結論があらかじめ決まっているのではなく，勉強会や検討会で策定に参加している関係者が地域の現状や課題をともに調べ，理想とする姿やそのために必要な手段について意見を交換し，合意できた内容を結論として計画に

反映させていく。

　一方，合意調達とは，策定上の時間や予算などの制約のために，ある程度の結論（方向性）がほぼ決まっている際に，協力を得るパターンであり，互いの利点が合致する「落としどころ（修正案）」を探ることが調整の中心となる。このパターンは，計画策定の体制づくりの段階で用いる割合が大きくなる。なぜなら，計画を策定すること自体は前提として決定されているからである。たとえば庁内の親会議や作業部会の立ち上げについて，立ち上げること自体は決定されているが，どの課から誰をメンバーに選出してもらうかといった交渉や，会議を持つ回数など作業スケジュールを決定する際に用いるパターンとなる。また，地域防災計画における救急医療体制について，災害発生時に救護所を設置することは決定事項であるが，どの場所に設置するかについて，地元の医師会と公立病院の双方の利点が合致する「落としどころ」を探るといった際などに用いる。

　「合意形成」については政策形成や計画策定のプロセスにおいて必要な要素として多く語られているが，「合意調整」という言葉はあまり見受けられない。たしかに，合意形成の方が民主的な意思決定という印象が強いが，交渉の定義が複数あるように，いずれかが優れているというわけではない。行政実務や計画策定の実態においては「合意調達」も必要なアプローチとなる。つまり，その交渉場面の状況に応じて交渉の方法を使い分けることが必要になる。その際に大切なことは，自分がどのアプローチで交渉・調整をしているのかを自覚することである。先ほど説明したように，計画策定の体制づくり段階では，合意調達の割合が大きくなると思われるが，いったん体制ができあがり計画の内容が検討される段階では，合意形成と合意調達が混在した状態になるだろう。合意形成をしようとしている相手に，実は結論を押し付け納得させようとしていることはないだろうか。合意調達を目指して臨んだのに，色々と妥協して内容が変わってしまうこともある。交渉や調整に臨むときには，どちらのアプローチでいくのかをあらかじめ確認しておくとよいだろう。

（2）合意形成・合意調達のアプローチ方法

「合意形成」や「合意調達」のパターンを用いて，目的の共有化や調整を行う際に，それらを円滑にするための方法や態度について説明を続ける。

林は（林 2000：207-208），交渉のアプローチとして「分配上の交渉」と「統合的交渉」の2つを説明している。「分配上の交渉」は自己の利益の実現に焦点が置かれ，労使交渉に代表されるような，できる限り自己にとって望ましい結果を勝ち取るものである。一方，「統合的交渉」は，当事者は自分と他人の利益に等しく関心を持ち，それぞれの選好や願望をオープンに表明し合い，対立や衝突している問題の解決のために，双方が受け入れられる解決策を作り上げることである。計画策定は，自己のみの利益の実現を目指すものではなく，アプローチとしては「統合的交渉」が選択されるだろう。この中で重要な点は，「自分と他人の利益に等しく関心を持つ」という基本的な態度と，「それぞれの選好や願望をオープンに表明し合う」ことと言える。

くわえて，交渉のアプローチの一つとして「非個人的交渉」の4つの構成要素をおよそ以下のように示している（林 2000：211-212）。

⑴人と問題を切り離す。

⑵お互いの立場や主張ではなく，お互いの利益を重視する。

⑶お互いの利益のために複数の選択肢を作り出す。

 a アイディアが生まれやすい雰囲気（打ち解けて，楽しく，くつろぎのある）を創造する。

 b 当事者たちは一つのチームの一員として活動する。

 c 相手の提案を積極的に受け入れる。

⑷客観的な標準（判断基準）を用いる。―選択肢を評価するための社会的に認められている基準や，この交渉に利害関係のない両者が信頼できる第三者の判断など―。

この「非個人的交渉」の結果は，交渉当事者たちはお互いの信頼関係を強め，

双方にとって望ましい成果をもたらす傾向を生むという。このアプローチ方法
は，計画策定における合意形成において有効な方法と言える。

（3）協働や調整を円滑にする能力——自己理解・他者理解とコミュニケーション

　さらに林は（2000:209），交渉の基本的な5ステップ（表3-5）を示している。
ここで注目すべき点は第2ステップの下線を引いた部分である。交渉の席に着
く前の段階において，「人は正しい自己認識，すなわち自分の強み・長所と弱
み・欠点について正しい認識を持つことができれば相手と正しく交渉できる」
ということである。

　また，世界中で対立や紛争の平和的な解決のために生涯活動を続けたマー
シャル・B・ローゼンバーグによるNVC（Nonviolent Communication）において，
平和的な変化をもたらすプロセスは，自分自身のマインドセット，すなわち自

表3-5　交渉の基本的な5つのステップ

第1ステップ	コンフリクトを生んでいる問題を確定し，明確に定義する。
第2ステップ	コンフリクトの解決にかかわるすべての関係者（当事者）にその解決に向かって積極的に努力するという気持ちを作り上げる。ないしはその解決のために交渉の場に参加するという約束を取り付ける。 　この段階で重要なことは当事者が各自正しい自己認識（自分の強み・長所と弱み欠点についての認識）を持つことだ。この正しい自己認識を持つことによって，以下のことが可能となるのだ。 　a 交渉プロセスで提案された解決策のメリットとデメリットを正しく評価・認識できる。 　b 交渉の場で自信をもつことができ，その結果，相手が自信がなさすぎるか高すぎる場合，その相手よりも弾力的に対応し適切に譲歩することもできるようになる。 　c 自分が本当に何を求めているのか求めていないのかを明確に知ることができる。 　要するに人は自分を正しく認識することができれば，相手と正しく交渉できるのだ。
第3ステップ	交渉の場所とその手続きを取り決める。
第4ステップ	オープンな交渉が行われるような状況を創造する。
第5ステップ	当事者が合意できる解決策を模索し，合意を実現する。

出所：林 2000。一部改変，下線は筆者。

分と他者をどのようにみているか，そして自分のニーズをどのように満たすのか，を見直すことから始まる（ローゼンバーグ 2021：30-31）と記されている。かつ，この基本的な実践は，（NVC における）平和の言葉において最も難しいところであるという。NVC ——すなわち，明確な「観察」をし，「感情」と「ニーズ」を表現して受け止め，明確な「リクエスト」をする——について，詳細をここで説明することはできないが，コミュニケーションの始まりである「観察」では，「自分の内面を把握して言語化する力」が必要であるという。そして相手の行動に対して'いっさいの評価を交えずに'「自分がどうであるか（どう認識したか）」を明確に表現することがきわめて重要（ローゼンバーグ 2021：53-54）と言われている。非難や批判，決めつけ，レッテル貼りを一切交えずに，相手の行動を観察する力は人間の知性の最高のあり方であるという（インドの哲学者，ジッドゥ・クリシュナムルティの言葉。林 2000：209）。

　これらから，相手との交渉や平和的なコミュニケーションにおいて，最も重要でかつ難しいことは，「自分の内面を強みや弱みを含めて正確に把握する自己理解の力とそれを言語化できること」，そして「相手に対してもいっさいの評価，決めつけを交えずに捉える他者理解の力とそれを相手に伝えられる表現力」と言える。これらは，計画策定における協働や調整を円滑に進めるための根幹をなす能力であろう。

　その他，コミュニケーションにおいては，相手の話をよく聴くこと，すなわち，相手が言ったことに十分注意を払い，意味を明確に理解すること（矢代 2017：144-145），そして，誠実に，伝えるべきことはしっかり端的に相手に伝えること，その上で，相手の意見や考えを受け入れる柔軟性も大切となる。関係者や住民との共有化のプロセスによって，自らの主張や計画の曖昧さ・矛盾に気づくこともあるだろう。それは，課題や目的の明確化に向けた大切なプロセスとなる。

　最後に，これらの自分と他者をいっさいの評価や決めつけを交えずに把握できるようになるためには，自分のものの見方やそこから生じる感情を，もう一人の自分が俯瞰してみることができる力が必要になるであろう。そして自分が

何を求めていて，対立している相手が求めているものは何か，取り巻く環境を含めて俯瞰的にみる視野をもてることも大切となる。また計画策定という作業自体，施策全体の体系や方向性を5年先まで見据えて形にしていく作業であり，他の計画との関連性を踏まえるなど，計画に関連する事象を包括的，俯瞰的な視点から捉える力をも必要とする。このように，自分自身，自分と他者との関係，そして計画策定で取り扱っている事象とさまざまな視野を使い分けながら「俯瞰的に捉える力」が必要になるであろう。

（4）庁内外の関係者・住民のパートナーシップ

　計画策定においてさまざまな庁内外の関係者・住民との協働や調整を円滑に進める原則として「パートナーシップ」が挙げられる。パートナーシップは協働と同義に扱われることもあり，アーンスタイン (1969) の「住民参加のはしご」においても「住民の力が活かされる真の参加」の段階に位置づいている（世古 2001：39-40）。住民に限らず，参加する全ての人がそれぞれの持つ力を発揮し，チームとしてのパフォーマンスを最大限に機能させるために重要な原則である。真山 (2001：145) はパートナーシップの要件として，「対等・平等の関係」「相互補完」「目的の共有」を挙げている。世古 (2001：57-58) は，共通の目標を有する，対等の関係ほかに，「パートナーとなるそれぞれの主体が主観的な自立性を確立していること」「相互にそれぞれの主体性を認識し，客観的な自立性が確立されていること」「各主体のパートナーシップに対する関わりが，相互に公開されるとともに，市民社会に対しても公開されていること（透明性）」をパートナーシップの要件に挙げている。

　目的・目標の共有については，庁内の体制づくりや外部組織体制のメンバーへの依頼の際に，その必要性について説明してきた。参加を得る相手に期待する役割と共に，計画策定の必要性を自分事として感じられるように説明することが大切である。目的・目標の共有があったうえで，課題となるのは「対等な関係性」をいかに創り出すかである。それを実現することはなかなか難しい。なぜならば，一つには，知識・情報のアンバランスに関する問題があり，これ

は89頁で説明した通りである。もう一つ，タテ社会(6)という言葉に象徴されるように，日本社会に根付く上下の序列を重視する考え方がある。行政内部の職位による序列や，行政と関係機関との力関係など，決して横並びとは言えない関係性の基で常日頃仕事をしている中で，計画策定の時だけ，対等な関係性を創り出すと言ってもそれは容易ではない。また，行政が市民を「お客さん」と考える傾向など（世古 2001：48），行政と住民の間にも対等な関係性とは言い難い状態がある。

　したがって，パートナーシップを実現させていくには，各主体となる参加者の意識の転換が必要となる。そのため，知識や情報だけではなく，計画策定に向けたパートナーシップのあり方についても情報提供や研修を行い，参加者の共通認識を作る必要がある。情報提供があったからと言ってすぐに意識や態度を変られるものではないため，まずは担当者から意識を変えていき，対等な関係性のもとで議論を進められるような会議運営の工夫ができるとよい。その方法の一つとして，「非個人的交渉」の構成要素で紹介した，'アイディアが生まれやすい雰囲気 (打ち解けて，楽しく，くつろぎのある) を創り出す'ファシリテーションが挙げられる。肩書や職位に関係なく，お互いの主体性を尊重し合うことを基盤に，のびのびと各自が意見を発言し合える演出が大切になる。その一つのポイントは笑顔（林 2000：215）である。肩の力を抜いて，口角を挙げて会議に臨んでみよう。

（5）対象に合わせた協働・調整のコツ

　最後に，協働や調整を行う相手や場面に分けてポイントを確認していく。

①総務・財政・企画系部門

　まずは，総務・財政・企画系部門との調整である。これらの組織の人は，同

（6）　人間社会において，役職・階級など上下の序列が重視される社会。社会人類学者，中根千枝の著書『タテ社会の人間関係』(1967) において，日本社会の特徴的構造とされ，一般化した語。(精選版 日本国語大辞典より)

じ自治体職員ではあるが，保健福祉分野の第一線職員とは異なり，行政職とし
て，法令・規則等の規定に忠実に従っているかどうか「手続的責任」や「合規
性」を重視し（真山 2001：187-189），「先例踏襲的な考え方」といった習慣（落
合 2012：123-135）をもつ傾向にある。このような「相手の価値観」を知ること
から始めることが必要である。これらの組織の人たちとの調整の基本的アプ
ローチは，「合意調達」が中心となるため，相手の行政職としての価値基準を
よく理解した上で，こちらの要望がかなえられる落としどころを見つけること
がカギとなる。

　また，こちらの要望を伝えるために，事務職の理解を得やすい説明の仕方や
資料作成のノウハウも身につけられるとよい。専門用語は必要最小限にし，論
理的に一貫性のある根拠を示し，情報を絞ってＡ４用紙１枚程度の資料にま
とめることが肝心である。図示できるとなおよいだろう。詳細な事例やデータ
は手控えとして別に用意しておき，質問されたら提示するにとどめる。くわえ
て，具体的な行政事務の手続き等を学ぶことも必要である。自組織にこれらの
部門の経験がある上司や事務職が異動してきた時は学びのチャンスとなる。そ
ういった人が身近にいなければ，これらの組織に足を運んで教えてもらうこと
も大切である。

　②保健医療福祉関係者との協働

　続いて，保健医療福祉関係者との協働・調整についてポイントを説明する。
先ほどのコツと重複するが，相手（他部署・関係機関）が重視する事柄や価値観
を知ることである。たとえば，担当者が健康部門の所属であった場合，近い分
野の福祉系の部門でも，重視する視点が異なることは大いにある。また，使っ
ている言葉の意味もよく理解する必要がある。専門職同士であっても，保健師
等の看護専門職と理学療法士などリハビリテーションの専門職が使う言葉の意
味のニュアンスが少しずつ異なることもある。相手との対話において，相手が
重視している事柄や「言葉」の意味を理解した上で，相手にとって計画策定に
参加するメリットを考えながら共通の目標をもてることが大切である。

③コミュニケーション手段

　すべての対象に共通して重要となるのは相手とのコミュニケーションの手段である。最近では業務上の連絡の主体はメールとなり，電話をかけることにすら苦手意識を持つ人もいる。しかしながら，こちらの意図や期待する役割を正しく伝えるには文字だけでは限界があり，受け取り方によっては誤解も生じやすい。そのため，少なくとも電話で直接やり取りをする，または相談や交渉の内容によっては，相手先に出向いて顔を合わせて説明や相談をすることが欠かせない。これは相手との信頼関係づくりや人脈づくりの第一歩となる。そのため，自分から相手先に出向いていくフットワークの軽さが求められる。

　ここで，コミュニケーションに大きな影響を与えたのがコロナ禍である。多くの自治体で，コロナ禍により，策定委員会等はやむを得ず書面会議や，よくてもオンライン会議などで代替えしたのではないか。ポストコロナの局面に入り，対面によるコミュニケーションの価値を再認識し，適切な方法を選択していくことが重要である。また，相手のコミュニケーション手段や理解の状況に合わせた細やかな対応も必要である。これらのフットワークの軽さや細やかな配慮は，計画策定場面に限ったことではないが，協働や調整において重要な位置を占めることは間違いない。

参考文献

太田祖電ほか（1983）『沢内村奮戦記——住民の生命を守る村』あけび書房。

落合洋人（2012）「地方自治体を動かす制度と習慣——機関委任事務制度の廃止を事例にして」『同志社政策科学研究』14（1）。

世古一穂（2001）『協働のデザイン——パートナーシップを拓く仕組みづくり，人づくり』学芸出版社。

高橋克紀（2016）「政策実施と市民討議」真山達志編著『政策実施の理論と実像』ミネルヴァ書房。

野沢和弘（2007）『条例のある街——障害のある人もない人も暮らしやすい時代に』ぶどう社。

林伸二（2000）『組織心理学』白桃書房。

林沼敏弘（2016）「自治体における参加と協働の概念」真山達志著編『政策実施の理

論と実像』ミネルヴァ書房。

細谷紀子（2006）「「住民参加」による保健福祉計画策定における住民の力を活かすための要因」『千葉看護学会会誌』12（1）。

真山達志（2001）『政策形成の本質――現代自治体の政策形成能力』成文堂。

矢代隆嗣（2017）『自治体の政策形成マネジメント入門』公人の友社。

ローゼンバーグ，マーシャル・B（2021）『「わかりあえない」を越える――目の前のつながりから，共に未来をつくるコミュニケーション・NVC』今井麻希子・鈴木重子・安納献訳，海士の風。

Arnstein, S. R.（1969）A ladder of citizen participation, *Journal of the American Planning Association,* 35（4）.

Donabedian, Avedis（2007）『医療の質の定義と評価方法』東尚弘訳，NPO法人健康医療評価研究機構（iHope）。

厚生労働省「市町村自殺対策計画策定の手引～誰も自殺に追い込まれることのない社会の実現を目指して～」。https://www.mhlw.go.jp/file/06-Seisakujouhou-12000000-Shakaiengokyoku-Shakai/0000186730.pdf　（2022年9月25日閲覧）

厚生労働省「令和元年　国民健康・栄養調査報告」。https://www.mhlw.go.jp/content/000710991.pdf 1　（2022年10月9日閲覧）

「障害者基本計画（第4次）」。https://www8.cao.go.jp/shougai/suishin/pdf/kihonkeikaku30.pdf（2022年10月4日閲覧）

（細谷紀子）

第4章

日々の現場の活動や住民の声に基づく政策課題の明確化

1　日々の実践課題から政策課題へ

（1）政策課題が実践や住民の声に基づく意義

　本章では，保健医療福祉計画策定（保健医療福祉分野における政策立案）において，いかに日々の活動を通じた実感や住民の声を反映し，政策課題を明確化するのかについて説明する。極論を言えば，日々の活動とすり合わせる作業をしなくても，保健医療福祉計画自体は策定できてしまう。計画の基本構成はどの自治体も類似しているので，よく書けた数件の計画を参考にしながら基本構成を組んで管内のデータを当てはめ，うまく作文すれば便宜上計画は完成する。その作業を業者に全面委託すれば，もう計画策定に悩むことはない。しかし，本書を手に取ってくれた読者は，そうする道を選ばなかった。それゆえに，自治体の実情に合った計画を策定することに苦慮しておられるのだと理解している。

　苦労してでも自前の計画を策定する意義は，ひとえに計画が実践に活かされることにある。実践や住民の声が反映されていない絵に描いた餅のような計画は，実践部門のキャビネットの中にしまわれたまま，日の目を見ることなく期間を終える。これは，実践課題と保健医療福祉計画に掲げられた政策課題とが繋がっていないため，せっかく立案した政策が，施策や事業（実践）におりていかないのだ。実践課題と政策課題は，第1章にあるように縦の関係性が成り立つ。政策立案の段階で実践課題を吸い上げて反映しておくことこそが，この縦の体系を繋ぐ最善の方法だと言える（図1-5）。

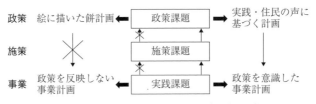

図 4 - 1　政策課題と実践課題の縦の体系と計画の繋がり
出典：著者作成。

（2）政策課題と実践課題の違い

　政策課題と実践課題の関係については，図 4 - 1 に示した通り，レベルの異なるものであることが分かる。そこで，それぞれの違いについてもう少し掘り下げて説明する。

　政策課題は，保健医療福祉計画に対応しており，健康な人も障がいや疾病のある人も，経済的に貧しい人も豊かな人も，生まれながらの日本人も外国生まれの人も，生まれたばかりの赤ちゃんから100歳を超えた高齢者まで，自治体管轄地域に住むあらゆる健康レベル・生活背景・発達段階の住民が対象になる。それゆえに，政策課題は全体的・総合的なものになり，抽象度も高く，ともすればどの自治体でも同じような表現になってしまう傾向にある。一定水準以上の保健医療福祉体制が国内のどの自治体においても整っている日本においては，こうなることは当然とも言えるが，抽象的な政策課題だけをみて計画立案をしてしまうと，どこでも同じような計画しかできないことも，納得してもらえるのではないだろうか。政策課題は，現行の政策の評価をすることを通じて明確化されるのが一般的である。評価をする方法も，二次的な保健医療福祉指標の統計データや，住民へのアンケート調査，実践部門からの報告など，比較的大きな一次データを基に分析することが多い。地域全体の傾向や特徴から課題を明らかにしていく。だからこそ，政策課題は実践者よりも，むしろデータを収集・分析した企画部門の計画策定者の方がよく認識できている場合がある。

　一方，実践課題は事業計画に対応し，事業参加者や実践活動の対象者が抱える課題に焦点化されている。また希少難病を抱える人々のように，全体で捉え

表4-1　政策課題と実践課題の違い

	政策課題	実践課題
縦の体系上の位置付け	政策レベル	事業レベル
対応する計画	保健医療福祉計画	事業計画
課題の対象	管轄地域住民すべて	事業の対象
課題の範囲	全体的・総合的	個別的・限定的
課題の抽象度	抽象的	具体的
課題認識方法	実践の外で間接的に（机上・資料上・書面上）	実践の中で直接的に
主な課題認識者	データ分析者・計画策定者	実践者・住民

出典：著者作成。

たときに見過ごされがちなごく少数の人々が抱える課題の場合もある。そのぶん具体的で，対象や地域の特異性を課題に表現することができる。実践課題は，地域の第一線で課題を抱える当事者やその人に近しい人々，支援をしている保健師，栄養士等の実践者によって把握されることが多い。実践者は，自身の実践活動を通じて課題を認識するぶん，感覚的・主観的になりやすく，客観的に理解可能な根拠が示されない限り，実践者以外が課題を認識・納得することが難しい。たとえば，ALS（筋萎縮性側索硬化症）の患者とその家族を支援している保健師には，患者の苦悩と家族の介護の大変さが痛いほど分かるが，それを実践者が政策立案担当者に心情で訴えるだけでは政策課題に上げることはできない。家族の負担を睡眠時間や余暇時間で示すなど，患者・家族に直接関わっていない人にも理解可能な根拠を示して初めて，実践課題が政策課題としての議論の机上に載る可能性が生まれる。

　以上のことを整理すると，表4-1のようになる。まとめると，政策課題と実践課題とでは明確化される課題が異なっており，政策課題だけでは実践に活きる計画立案はできない一方，実践課題をそのまま政策課題に置き換えることにも無理がある。そのため，政策の計画立案のためには，双方のすり合わせが必要である。

（３）実践課題と政策課題の関連付け

　実践課題と政策課題という異なる課題のすり合わせ（関連づけ）を，どのようにするのかだが，簡潔に言うと図４−１の示す縦の体系レベルを上り下りすることである。

　まず実践課題を政策課題に上げるためには，実践者が住民の声に基づいて認識した課題を，政策課題に上げられる形に整えると同時に，政策立案の担当者が実践課題を吸い上げる道を整える必要がある。その具体的な方法については後に述べるが，ここで押さえておきたいのは，実践者と政策立案者とでは課題認識の仕方も責任範囲も異なるため，政策立案者の観点で必要と考えたデータを実践者に報告してもらうだけでは，実践課題の吸い上げはできないということだ。実践者や住民の観点で重要と考える課題を，いかに政策に活かせる形で吸い上げるかが鍵になる。その上で，実践課題が示す範囲やバイアスを考慮しながら，政策課題に反映させていく。

　一方，実践課題と政策課題のすり合わせは，実践から上げる方向だけではない。政策評価や全体的なデータの分析から明らかになった政策課題について，実践者や住民に下ろし，課題の背景や原因を住民の実態に基づいて意味付け，再び政策課題に上げることもまた，異なる課題レベルのすり合わせの一つである。保健医療福祉計画を立案する際に，住民参加型の会議体（計画策定委員会）を形成し，議論するのは，このすり合わせを行うためであるとも言える。たとえば，健康増進計画の立案のため，年代別の喫煙率を評価したところ，20代から30代の喫煙率は減少していたものの，40代以上の喫煙率に変化がなかったとする。この結果だけでは，なぜ20代・30代の喫煙率が減少したのかも，なぜ40代以上に変化がなかったのかも分からない。そこで，計画策定委員会の場でこの結果を共有し，実践者や住民から結果の背景や原因の意見を出してもらう。それによって，20代・30代の喫煙率減少は，未成年者への防煙教育の成果であるという可能性が示された場合には，それを支持するデータ，たとえば10年前からの未成年者喫煙率の推移などを確認し，防煙教育の継続と教育を受けていない年代の禁煙支援を政策課題として上げることになる。

このように，実践と政策を上り下りすることで，実践や住民の声に基づく政策課題の明確化ができていく。

2　住民・実践者の声の積極的収集

（1）住民・実践者の声を収集する方法とその特徴・限界

実践課題を政策課題として吸い上げるため，住民や実践者の声を直接的に収集する方法について説明する。直接的に収集する方法は多様にあるが，その中で最もよく利用されているのがアンケート調査法であろう。保健医療福祉計画立案においても，子育ての実態調査や，住民の健康意識と行動の調査などの実施例が多数あり，アンケートへの回答能力がある人ならどのような対象にでも実施できる。65歳以上高齢者の悉皆調査や子育て世帯調査などのように，自治体が所有している住民情報をもとにして，多くの対象に対して調査が実施できることも特徴である。以前は調査票の配布や回収，電子データ化等の作業に多大な費用と労を要したが，デジタルフォームの普及により，これらの作業が画期的に効率化できるようになった。

収集できるデータのタイプは，アンケートの設計によって，満足度や家計水準のような量的なデータと，意向や希望を記述してもらうような質的なデータとの両方があるが，特にサンプル数が多い場合は量的なデータの収集に向いている。得られた情報を集計するとともに，対象の属性などで分類し統計解析をすることができる。国や他自治体のデータと比較したり，推移をみたりすることで，全体的な傾向や特徴を明らかにすることができる。結果をグラフや表に可視化しやすいことも，アンケート調査の利点の一つである。一方で，アンケートの設問にした範囲のデータしか得ることが出来ないため，得られるデータはアンケート設計者の想定の範囲に限られる。また，改めて再調査を行うことが難しいため，結果をどう分析し計画に活用するのかを視野に入れ，それができるアンケートを設計する必要がある。アンケート調査結果は，全体の傾向を示していることから，一般化可能性が高い反面，少数の意見が重視されず消

えてしまう傾向にある。

　アンケート調査では得られない少数の意見を収集する方法に，インタビューがある。インタビューは大きく個別インタビューとグループインタビューに分かれる。まず個別インタビューは，聞きたいことを最もよく知り，かつ意見を述べることができる個人を対象に実施する。そのため，実践者である保健師や訪問看護師などの専門家，自治会長などの地域のキーインフォーマントを対象にする場合が多い。インタビューによって，聞きたいトピックに関する地域住民の認識や意向などの質的なデータが得られるという利点がある。分析は質的研究のように意味内容を読み取ってコード化・カテゴリー化することもできるが，政策課題の明確化が目的である以上は厳密性よりも実用性を重視し，要約をするにとどめることが多い。分析した結果は，類似するもので整理して表にしたり，カテゴリー間の関係を図示したりすることができるが，一見して理解可能な形に可視化することが難しい。インタビューで適切な対象選定ができて，うまく意見を引き出すことができれば，政策立案担当者では考えが及ばないような有益な情報を得ることができるが，そのためにはインタビュアーと対象者の両方に高いコミュニケーション能力が必要とされる。また，インタビュアーと対象者とのそれまでの関係性によって，言いにくい内容は語られず，むしろ制限されてしまう場合がある。

　もう一つのインタビュー法であるグループインタビューは，聞きたいトピックを経験している当事者もしくはその身近な人々の集団を対象とする。個人では意見を出しにくくても，グループで他の人の意見を受けてであれば話せるといったような，グループダイナミクスを活用したインタビュー方法であり，少数派の当事者をエンパワメントする効果も期待できる。たとえば，精神障害者のピアサポーター組織や高齢者の介護予防を推進している組織などが，対象になる。質的なデータが得られ，その分析方法や可視化の方法は個別インタビューと同様だが，グループインタビューの場合は，KJ法などを使ってホワイトボードに出された意見を可視化しながらインタビューを進めることもある。インタビュアーには，グループインタビューを円滑に進行するファシリ

表4-2　住民・実践者の声を収集する方法の特徴と限界

	アンケート調査	個別インタビュー	グループインタビュー
対　象	多様に設定可能	専門家・地域のキーインフォーマントなどの個人	当事者組織，住民組織，支援者チームなどの集団
対象数	大きい	ごく少数	少数
情報のタイプ	量的・質的データ	質的データ	質的データ
一般化と個別化	一般化しやすいが，少数の個別の声が消えやすい	個別性・特異性の高いデータが得られるが一般化しにくい	対象集団に特異なデータが得られるが対象範囲を越えた一般化はしにくい
分　析	量的データは集計し，統計的に解析する 比較・推移をみることで傾向や特徴をつかむ	記述し，要約する 記述し，意味内容を読み取りコード化・カテゴリー化する	記述し，要約する 記述し，意味内容を読み取りコード化・カテゴリー化する
可視化方法の例	量的な結果はグラフや表にして示す	要約したものを表に整理する コードやカテゴリー間の関係を図示する	要約したものを表に整理する コードやカテゴリー間の関係を図示する
実施上の難点	結果の分析・活用を視野に入れたアンケートを設計する必要がある	インタビュー対象者の考えを引き出すコミュニケーション能力が必要である	グループの会話を舵取りし，うまく進行するファシリテート能力が必要である
対象に必要な能力	設問の指示通り正確に回答する能力	質問に応じて自分の考えを言語化し，述べる能力	他者の考えを理解しつつ自分の考えを言語化して述べる能力
限　界	アンケート設計者の想定範囲内の意見しか得られない	インタビュアーと対象との関係の影響を受ける 言いにくいことは語られない	グループダイナミクスがうまく働かない場合や話が逸れる恐れがある

出典：フリック（2011：172-173）を元に著者が作成。

テート能力が求められ，うまくファシリテートできない場合は話が主題から逸脱してしまったり，グループダイナミクスが働かず，有益な意見が得られなかったりすることがある（表4-2）。

（2）アンケート調査による情報収集

　アンケート調査では，実施前のアンケート設計が重要であることは前述した通りである。アンケート設計の最初のステップは，目的の明確化から始まる（土屋・斎藤 2010：45）。アンケートによって何を明らかにしたいのかが決まれば，次はそれを可能にするための調査対象とそのサンプリングの方法を決める。その上で，アンケート調査結果をどのように分析し，どのように計画に活かすのかを考慮しながら，目的に照らした調査項目を設定する。

　この時に注意すべきことが2点ある。1点目として，多くの計画は現行の計画を引き継ぎ，次期計画に繋がるものであるため，評価のために現行の計画時に設定したアンケート項目を活用することや，次期計画策定時においても活用することを意識して項目を設定することが大事である。設問だけでなく選択肢の設定を変えてしまうと以前のデータとの比較ができなくなるので，注意が必要だ。2点目として，アンケート調査以外で収集できる項目はアンケートから省くことである。自治体では，多くの保健医療福祉関連の指標となるデータを持ち合わせている。すでにデータ化されているものを再度収集することは，対象となる住民に不要な負担をかけることになるうえ，調査結果と既存データとが異なった場合に，調査結果の取り扱いが難しくなる。既存のデータとの重複を避けるためにも，ある程度既存データの分析を済ませ，アンケートでないと収集できないことは何かを明確にしておくことが大事である。

　アンケートの設問は，1項目に複数の意味合いや複雑な条件付けを入れないように注意する。たとえば，「飲酒した時に，友人に誘われ，喫煙することがあるか？」といった設問にしてしまうと，喫煙の有無に飲酒と友人という2つの条件が入ってしまうため，アンケート結果を評価できなくなる。また，選択肢は「大変良くある」「時々ある」「どちらでもない」「あまりない」「全くない」といった5段階のリッカート尺度にするアンケートをよく見るが，単純に真似をしてはいけない。収集したデータを解釈する時に「どちらでもない」の解釈に困ることになるうえ，「ある群」と「ない群」に分けて分析することもできない。「どちらでもない」と回答した者が多いといっそう問題になる。また，

「時々ある」と「あまりない」の差が回答者には分かりにくく，正確な回答が得られない恐れがある。さらに厳密なことを言えば，この選択肢は順序性こそあるものの，各選択肢間の位置付けは均等でなく，点数化するのには無理がある。点数化して統計解析したい場合には，頻度をパーセントで示した5段階にするなどの工夫が必要だ。ここまでの説明で，アンケート調査を行う場合にはアンケートで得られた結果の分析方法や活用方法を，計画段階で考慮しておく理由を理解していただけたのではないだろうか。アンケートが完成したら，誤った解釈や不明な点が起きないか，調査対象者数人に事前の確認を受け，適宜修正をしてから本調査を実施することをお勧めする。

　具体的な例で説明する。たとえば健康増進計画を評価してみて，特定健診受診者に占める要指導者の割合が減少していたとする。特定健診受診率や特定指導完了率には変化がなかった場合に，何が要指導者割合の減少に繋がったのか，既存のデータからでは分からない。そこで，特定健診結果の改善に影響する日常生活行動にどのような変化があったのかを明らかにすることを目的に，アンケート調査を実施することにした。調査対象は，特定健診受診の有無にかかわらず，健診対象となる40歳から74歳の住民とし，代表性を考慮した数を無作為に選定した。あえて健診未受診者も対象に含んだのは，受診の有無による日常生活行動の差を分析するためである。アンケートの設計には現行の計画立案時の調査項目を活用し，特に特定健診結果に影響がありそうな食行動，運動習慣，飲酒・喫煙状況，健診受診の有無，保健指導の有無などを設定した。この調査の結果で，日常生活行動が現行計画立案時よりも改善していれば，要指導者割合の減少には日常生活行動改善が効いていた可能性が示唆されたことになる。さらに，健診未受診者よりも受診者の方に行動改善が起きていた場合，政策課題として健診未受診者層の生活改善を促す必要性が明らかになる。

（3）個別インタビューによる情報収集

　個別インタビューは，課題を抱えた少数の人々の声を政策課題に拾い上げる時に有用な方法である。たとえば，地域医療計画立案のためへき地医療の課題

を明らかにしたい場合，へき地の住民は高齢者が多く，人口も少ないため，アンケート調査では十分にその声を拾いきれないことがある。そのような場合の一案として，へき地医療の実態をよく知るへき地診療所の医師や看護師に対し，個別インタビューを実施することをお勧めする。この例のように，インタビューの対象者は，明らかにしたいことをよく知る人に設定する必要があり，対象の選定は，アンケート調査の時のような統計的代表性や無作為性よりもむしろインタビュー目的に対する適合性を重視し，意図的に選定することになる。

インタビューは，何をどのように聞くのかを事前に明確にしておく程度によって，非構造化，半構造化，構造化の3段階に大別される。課題をなんらか抱えていることは分かっていても，それが何なのかがほとんど分かっていない場合には，非構造化の手法をとり，インタビュー対象者が感じている課題を自由に語ってもらう。課題の大枠がある程度見えている場合には，半構造化の手法をとり，聞きたいことの全容が聞けるように質問の仕方や順序を設計したインタビューガイドを作成する。既存データの分析によって課題が明らかになっており，政策を考える上でその背景や原因を知りたい場合には，構造化の手法をとる。データの分析結果を示しながら，その結果に納得できるかどうか，その理由は何かといった内容をピンポイントで問うため，得られる回答も限定されたものになるのが，構造化インタビューの特徴である。

インタビューでは，対象者が安心して自由に意見を述べられるよう，インタビュアーはできるだけ上司と部下のような上下関係がない者や，既に信頼関係を築いている支援者が務めることが望ましい。またインタビュアーは，語られた内容に評価を加えず，公平な態度で聞くことも重要である。インタビューは，聞く側も聞かれる側も時間と労を要するため，事前に十分な計画を立てるとともに，データを都合良く解釈してしまわないためにも正確に記録するよう努める。

（4）グループインタビューによる情報収集

　グループインタビューは，当事者組織や住民組織など，ある共通性をもった集団の構成員が抱える課題を明らかにする時に有用である（安梅 2001：4-7）。特に，障害を抱えた当事者やその家族のように，少数派でパワーレスな状態にある人に対しグループインタビューを行う場合には，彼らから意見を聴取するだけでなく，参加した人々をエンパワメントすることも副次的な効果として狙っている（安梅編著 2005：101）。たとえば，障害者福祉計画を立案するために地域移行できた精神障害者が抱えている課題を明らかにしたい場合，精神障害者の当事者組織構成員で自分の意見を述べることができる人を5名ほど集め，グループインタビューを実施するとよい。

　グループインタビューは，参加者が他者の意見をもとに自分の考えを膨らませられることが利点である一方，参加者間の関係性による影響を強く受けるため，インタビュー対象者の選定に注意が必要である。可能な限り対等な関係性の人に参加してもらうようにする。また，インタビューの前に「人の意見をよく聞く」「異なる意見を非難しない」などグループインタビューにおけるグランドルールを設定・共有しておくとよい。その他，インタビューの手法については，個別インタビューと同様である。個別インタビューよりも多様な意見が出ることが想定されるため，ホワイトボードや模造紙を使って，出された意見を共有・確認しながら進める場合もある。そうすることで，今何を話しているのかが明確になり，インタビューの円滑な進行にも活かすことができる。グループインタビューのインタビュアーには，グループをファシリテートすることが求められるため，インタビュアー以外に観察者や記録者を置き，複数人で実施することが望ましい。観察者は，グループインタビュー中の参加者の様子を見ながら適宜参加者やインタビュアーをサポートする役割を担う。

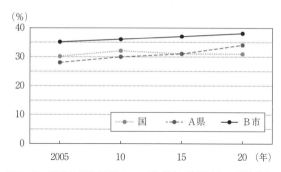

図 4 - 2 推移の折れ線グラフの例（週 1 時間以上の運動をし
　　　　　ている人の割合）

出所：筆者作成。

3　住民・実践者の声を活用した政策課題の明確化

（1）量的な調査データの分析と可視化の方法

　住民・実践者の声を政策課題の明確化に活かすためには，得られた情報の分
析・可視化が必要になる。ここではまず，アンケート調査などで得られた量的
データから，住民・実践者の声を可視化する方法について説明する。

　調査データを単純集計し，回答の分布や割合を示した調査報告書をよく目に
すると思う。得られたデータの全容を理解する上で，このステップは必須であ
る。比較対象になる現行計画立案時のデータや国・都道府県のデータと並べ
て，表やグラフに示すことで，当該自治体の特徴や傾向を可視化することがで
きる。この時，どのようなグラフに示すのかによって，可視化されることが異
なるので，考慮が必要である。

　たとえば，経年的な調査結果の推移を国や都道府県の結果と比較しながら示
したい場合は，図 4-2 のような折れ線グラフが適している。この時，同じグ
ラフ状に示すことができるように割合でグラフ化するとよい。グラフにするこ
とで，B 市が国や A 県よりも週 1 回 1 時間以上運動する人の割合が常に高

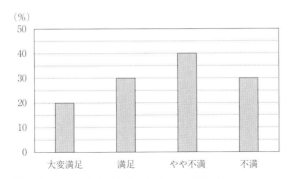

図 4 - 3　度数分布の棒グラフの例（睡眠の満足感〔2020年〕）
出所：筆者作成。

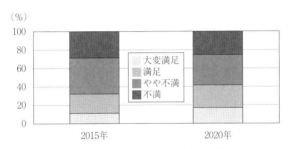

図 4 - 4　割合の棒グラフの例（睡眠の満足感）
出所：筆者作成。

く，経年的に微増傾向にあることが分かる。一方で，このグラフは縦軸の最大値を40に設定されているため，B市の割合は非常に高いように見えてしまう。それゆえ割合が40％にも満たないことを示したい場合は，最大値を100％にするとよい。

　他の例として，いくつかの選択肢（たとえば，「大変よい」から「非常に悪い」までの5段階の選択肢）から回答を選ぶような，数値では測れない質問の回答分布を示したい場合には，棒グラフが適している。図 4 - 3 は，睡眠の満足度を4段階で問うた回答の度数をグラフ化したものである。「やや不満」な人が最も多いことが，一見して分かる。また図 4 - 4 は，同じ質問項目について5年

前の結果と並べて示したものである。100％の棒グラフにすることで，分布の違いが見えやすくなる。このように，差を見せたいのか，推移を見せたいのか，量を見せたいのかなど，何を可視化したいのかによって，グラフをうまく使い分けることが大事である。

　政策課題を明確化する上では，一つ一つの調査項目の集計結果を見るだけでなく，複数の調査項目を組み合わせて統計解析を行うことをお勧めする。たとえば，先に示した睡眠の満足度について，睡眠時間の結果との相関図を書いて相関係数を算出してみることや，職業別のクロス表を作成し，職業によって満足度の分布に差があるのかをカイ二乗検定をしてみることができる。このような2変数の統計解析は，高価な統計ソフトを購入しなくても，Excelなどの一般的な表計算ソフトで十分対応可能なので，ぜひ挑戦してみてほしい。複数の変数を統計解析することで，睡眠満足度の高低に関連のある要因を明らかにすることができると，政策のターゲットと方向性が明確になる。

（2）質的な意見の可視化と活用方法

　インタビューや質的なアンケート調査によって得られた住民・実践者の声は，量的データよりも可視化が難しいため，政策課題に活かされにくい。しかし，質的データでないと表現できない住民の生活の様相やそこにある思いを反映してこそ，住民のニーズに合致した政策が立案できる。そこで，質的な意見を可視化するいくつかの方法をご紹介したい。

　1つ目として，象徴的な事例を記述して示す方法がある。たとえば，人工呼吸器を装着した小児慢性特定疾患の児とその家族の生活実態を示したい場合には，個人情報に抵触しない範囲で，どのような所に暮らし，1日をどのように過ごし，誰がどのように関わり，何を楽しみにし，何を諦め，何を望み生活しているのかを，疾患を持たない同年代の児との違いが浮き彫りになるように記述する。多くてもA4用紙1枚以内に収め，小見出しをつけたり，大事なところを強調したりすることで，掻い摘んで読むことができるようにするとよい。質的なデータの中でも，政策立案者が状況のイメージを摑みづらい事例を

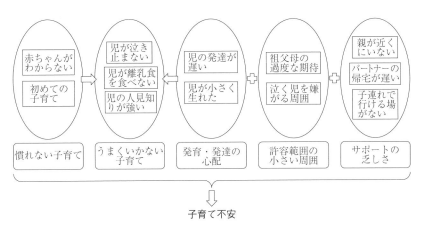

図4-5　コードやカテゴリー間の関係図式化の例

出所：筆者作成。

可視化する場合や，全体的な様相を示したい場合には，このような事例記述が最も効果的である。

　2つ目として，複数の事例を共通の視点で一覧表に整理して示すことも一方策だ。たとえば，上記と同じ人工呼吸器を装着した小児慢性特定疾患の児とその家族の複数事例を，児の年齢，疾患名，障害の程度，家族構成，医療機関，利用しているサービス，保育・教育機関，近隣との関係など共通の枠組みを作って整理する。事例記述のように生活全体の様相は表現できないが，よく利用されているサービスなど，複数の事例の実態を一望することができるのが利点だ。

　3つ目として，KJ法などを用いて質的なデータを図示する方法がある（川喜田1970）。たとえば，子育て不安について乳幼児を育てる親にグループインタビューをした結果を，図4-5のように可視化することができる。KJ法ではまず，インタビューで語られた内容のエッセンスを，1つずつ「赤ちゃんがわからない」「初めての子育て」などのように切片化する（図中の四角枠）（川喜田1970）。この時，付箋紙を使って1枚に1エッセンスを書いていくと，後の作

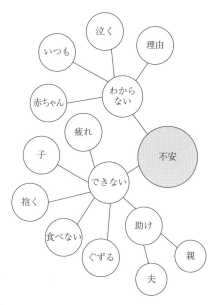

図4-6　テキストマイニングによる共起モデルの例
出所：筆者作成。

業が行いやすい。次に，意味内容の類似する切片を集めてグループ化し（図中の楕円），エッセンスを反映したグループ名をつける（図中の角のない四角枠）（矢代 2017）。たとえば，「赤ちゃんがわからない」「初めての子育て」は，【慣れない子育て】と名付ける。その上で，グループ間の関係性を，矢印などを使って構造化し図示する（川喜田 1970：48-51）。このように図示することで，【慣れない子育て】と【発育・発達の心配】が【うまくいかない子育て】の強化因子として働き，それに【許容範囲の小さい周囲】や【サポートの乏しさ】が加わって，子育て不安が起きることが分かる。そしてこの結果から，政策課題として【慣れない子育て】に対して親力を高め，地域の許容範囲とサポート体制を整える必要性を明らかにすることができる。

　アンケート調査などで得られた多くの質的データを，一つ一つ読み込んで分

析することは至難の業である。そのような時には、テキストマイニングのソフトを活用することもできる。テキストマイニングとは、データの中にある単語や文節を、出現頻度や共起性などから分析する方法であり、図 4-6 のような共起モデルで結果を示すことできる。テキストマイニングソフトは価格も機能もさまざまなので、まずは KH Coder（https://khcoder.net/）のような無料のソフトを試用した上で、必要に応じて有料ソフトに切り替えるのも一つだ。このようなソフトを用いることで、大量な質的データも簡便に分析し、可視化することができるので、収集したデータを政策課題の明確化に活用・反映できるようになる。

（3）政策課題の合意形成

　政策課題は、地域住民や実践者と合意形成を図ることで、より明確で住民の声を反映したものになっていく。合意形成を図る場として、後述する計画策定委員会などの会議体がある。

　会議体で合意形成を図る上で留意しておいていただきたいのは、策定委員会で住民や実践者の率直な意見を得ることは、ほぼ出来ないということだ。筆者も学識経験者としてある市の健康増進計画策定委員会に参加した際、隣に座った住民組織の代表者に休憩時間中声をかけると、「タバコはやめたくても（仲間が）やめさせてくれない」とぼやかれたことを記憶している。なぜ会議の場で発言しないのか問うと「わしらは問題住民だから、言えるはずがない」と苦笑された。これが住民の本音であろうと思う。健康に良いことをすることが正論として進む委員会の中で、「健康に良くないことをしてしまう」と言える人はまずいない。結果的に、委員会は事務局が考えた政策課題を伝えるだけで、反対意見が出ないことで合意とみなされる事態になりかねない。

　そうならないための対応として、委員会までの間に前述したような手法を用いて、住民や実践者の率直な意見を拾い上げておくことが必要になる。委員会の前後で個別に内容を打診し、意見を聴取しておく。委員会メンバー以外の住民や実践者の間で話し合い、意見をまとめる機会を保証することも大事だ。委

員会での合意形成を形骸化させないため，少し手間はかかっても必要な対応だと前向きに捉えてほしい。

4　保健医療福祉計画に反映すべき課題の優先度判断

（1）優先度判断の視点

　住民や実践者の声をもとに政策課題を出していくと，非常に多くの課題が明らかになる。課題を抱えている住民やその課題に直接対応している実践者にとっては，どれも優先度の高い課題であろうと思うが，保健医療福祉計画は総合的なものであるため，政策立案者は一歩引いて全体を見渡し，説明可能な視点を持って政策として優先すべき課題を判断する必要がある。

　優先度判断の視点には，効果・効率性，実現可能性，重要性，緊急性などがあるが，政策は5年後や10年後の長期ビジョンで立案するものであるため，緊急性については考慮外とする。逆に緊急性が高いものは政策ではなく実践課題として，すぐに取り組みの是非を検討されるべきである。そこで，ここでは効果・効率性，実現可能性，役割使命としての重要性の3視点での優先度の考え方を提示する。

　3視点の考え方を図示すると，図4-7のようになる。点Oから点Aに向かうベクトルが，効果・効率性である。高い効果が予測され，効率性も高い点A方向に近いものの優先度が高い。次に点Oから点Bに向かうベクトルは，実現可能性を表している。実現可能性が高い点B方向に近い課題の優先度が高くなる。最後に点Oから点Cに向かうベクトルは，役割・使命としての重要性を表している。点C方向に近い課題の優先度が高い。3つの視点を総合すると，効果・効率性も，実現可能性も，重要性も高い，図の点Dに位置づく課題が最も優先度が高い課題であると言える。

　しかし，実際のところ点Dに位置づく課題ばかりを自治体が政策として取り扱うことはない。というのも，効果・効率性の高い課題の一部は，すでに取り組まれて解決されており，解決されずに残るのは効果・効率性が低い課題に

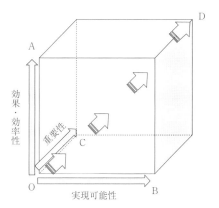

図4-7　優先度判断基準
出所：筆者作成。

なりがちだからだ。実現可能性が高い課題も同様に，一部解決済みになっていく。一方，自治体の役割・使命としての重要性は，変容したり解決したりすることはまずない。そこで，重要性は高いが，効果・効率性と実現可能性は低い（C）ところに位置づく課題も時として政策課題に上げ，長期スパンで取り組む必要性がある。大事なのは点Dに近いことだけではなく，この3視点をどう考慮して優先度を決めたかを明白にすることなのである。

（2）効果・効率性の考え方

　効果には，一次的な結果であるアウトプット，二次的な成果であるアウトカム，副次的波及効果であるインパクトの3つがある（Donabedian 2003）。具体的に特定保健指導の効果を例に示すと，特定保健指導対象者に指導を実施したことで，体重減少や血糖値低下といったメタボリックシンドローム診断指標の改善がみられることが，アウトプットに相当する。それによって，次年度の特定保健指導該当者割合が減少したり，メタボリックシンドロームに起因する心疾患の医療費が減少したりすることがアウトカムである。さらに，メタボリックシンドロームを予防する環境が整ったり，継続して運動をするグループがで

きたりすることがインパクトである。実践課題で最も重視するのはアウトプット，次にアウトカムであるが，政策課題ではインパクトを含む3つの効果すべてを意識して，効果の高さを考える必要がある。アウトプットは高くなくても，インパクトが高いと予想される場合，政策課題としての優先度が高くなることがある。

　効率性は，効果を及ぼす対象集団の大きさで判断することができる。効果を及ぼす対象集団が大きい方が，効率性の高い政策課題であると言える。しかし，たとえ対象数が少なくても，その人々の健康とwell-beingがひどく脅かされており，政策課題に上げなければ重篤な結果を生む恐れがある場合や，将来的に同様の課題を抱える人々の支援体制整備に繋がる場合などには，政策課題として取り上げる場合がある。たとえば，妊婦健診未受診で飛び込み出産をする妊婦の問題は，そのような人の数は少ないものの，放置すると母体や胎児の生命を脅かす。また，妊娠期に健診を受けて健やかに過ごすことを政策課題とし，健診費用の助成施策を施行することで，後に同様の問題が発生することを予防する体制づくりに繋がる。

（3）実現可能性の考え方

　実現可能性は，課題解決そのものの難易度とともに，その課題解決のために自治体における人・もの・金を配分しえるか，取り組む部署や体制はあるかといったことも重要な考慮点である。課題を管轄できる部署が存在せず，担当部署を新設するために人を雇い場所を確保する資金もない場合には，その課題を政策に取り上げても施策・事業に下ろすことが出来ない。

　しかし，保健医療福祉計画はなにも自治体組織だけで取り組むわけではなく，自治体外の関係機関や地域住民と共に取り組むものなので，たとえ自治体組織としての実現可能性は低くても，関係機関や住民がその課題に対応する力量があれば政策課題として取り上げることもできる。そのためには，関係機関や住民と課題を共通認識し，実現可能性を共に考えることが前提となることは言うまでもない。

（4）役割・使命としての課題の重要性の考え方

　課題の重要性は，政策立案者としての役割・使命によって規定される。立案しようとしている保健医療福祉計画は，誰のため，何のためのものなのか，その計画で包含すべき内容と他の計画との関係はどうか，計画の有効期間はどのくらいか，そういった計画の位置付けや範囲を意識することで，その立案者として何に重点を置くべきかが見えてくる。

　たとえば，健康増進計画は健康増進法に基づき国が方針を定めた「健康日本21」の地方計画は，すべての分野や対象を包含した保健計画の最上位に位置する。そう考えると，一部の分野や対象に重きを置くことはできず，可能な限りあらゆる対象・課題を網羅するように課題の重要性を判断していくことになる。また，高齢者保健福祉計画や次世代育成支援対策行動計画のように，他の計画においてカバーされている分野についてはそちらに委ね，健康増進計画でしか取り上げない課題に重点を置くといった考え方も必要になる。

　くわえて，政策は大きな方向性を示すものなので，政策課題に掲げることそのものが社会への啓蒙活動になることがある。たとえ効果・効率性や実現可能性が低い課題でも，社会に啓蒙すべき課題の場合には，政策課題としての優先度をあえて高くすることもある。このように，政策課題の優先度は単純な公式には当てはまらない，独自の判断を要するものであり，それが政策立案の面白さでもあると言える。

（5）優先度を決めた後の留意点

　政策課題の優先度は，その判断過程を可能な限り住民や実践者と共有しながら決定するとともに，判断根拠を資料化しておくとよい。計画期間の満了までに社会情勢の大きな変化が起き，異なる見解をせざるを得なくなった場合に，この資料が対応策を検討するためのガイドとなる。たとえば新型コロナウイルス感染症の世界的パンデミックは，人々の生活様式を大きく変え，政策課題の優先度判断を変容させる程歴史上に残る危機であった。そのような時でも，優先度判断の根拠を残しておくことで，政策そのものは変更できなくても，実践

レベルでどのような軌道修正が可能かを検討する材料になる。

　また，優先度が低くなった課題についても，現時点で取り組むことができなかっただけで世の中から消えてなくなるわけではなく，形態を変えながら残り続けることの方が多いと思う。優先度判断を資料として残しておくことで次期計画策定時に，拾い上げるべき課題が漏れていないかを再考することに役に立つだろう。

参考文献

安梅勅江（2001）『ヒューマンサービスにおけるグループインタビュー──科学的根拠に基づく質的研究法の展開』医歯薬出版。

安梅勅江編著（2005）『コミュニティ・エンパワメントの技法──当事者主体の新しいシステムづくり』医歯薬出版。

川喜田二郎（1970）『続・発想法── KJ 法の展開と応用』中公新書。

土屋雅子・斎藤友博（2010）『看護・医療系研究のためのアンケート・面接調査ガイド──初心者にもできる質問紙・インタビューガイドのつくり方』診断と治療社。

フリック，ウヴェ（2011）『新版　質的研究入門──〈人間の科学〉のための方法論』小田博志監訳，春秋社。

三菱 UFJ リサーチ＆コンサルティング（2015）『社会的インパクト評価に関する調査研究最終報告書（内閣府委託調査）』内閣府 NPO ホームページ。https://www.npo-homepage.go.jp/uploads/social-impact-hyouka-chousa-all.pdf

Donabedian, A.（2003）*An Introduction to Quality Assurance in Health Care*, Oxford University Press.

（塩見美抄）

第5章

評価指標の策定・実際

　この章では健康増進計画の策定にあたり，どのような情報を把握・理解しておくべきかということと，健康増進計画で立てた数値目標の評価の方法について説明する。

1　都道府県，市区町村での健康増進計画の策定

　都道府県単位での健康増進計画の策定であれば，国の「健康日本21」における数値目標などを完全に無視した計画を立てることはできず，市区町村であれば都道府県の健康増進計画と乖離した計画を立てることは難しい。健康増進計画に市区町村独自の項目を加えることはあるにせよ，大筋では都道府県の健康増進計画と齟齬のない計画を立てることになる。このため，本書第1章で紹介されている通り，計画策定にあたっては国や都道府県の健康増進計画の内容を把握しておく必要がある。

　国立健康・栄養研究所は，都道府県単位での健康増進計画についてまとめたホームページを作成しており，「健康日本21（第二次）分析評価事業」というページのなかに「都道府県健康増進計画」が紹介されている（https://www.nibiohn.go.jp/eiken/kenkounippon21/zoushinkeikaku/）。自らの自治体の計画だけではなく，このページに紹介されている他県の情報なども参考にするとよい。現在，数値目標まで設定している自治体はあまり多くない。先進的な自治体の例を参考にし，少しずつ数値目標を設定し，後述する「健康日本21」における評価の考え方を取り入れる姿勢が必要である。

　また，同じ国立健康・栄養研究所のホームページには，国の「健康日本21（第

二次）」に関する情報もまとめられているので，そちらも参考にされたい（https://www.nibiohn.go.jp/eiken/kenkounippon21/kenkounippon21/index.html）。

　計画策定の際には「健康日本21」や各都道府県の健康増進計画についての情報を収集すると同時に，第2章で説明された通り過去に自分の自治体で立てた健康増進計画についてもデータ等の所在を確認しておく必要がある。最終的に健康増進計画の評価をする際に，過去の調査項目と整合性が取れていないと評価をすることができない。特に，独自に設置している項目については，データや調査票を失うと評価が不可能になるので，担当者が異動しても適切なデータ管理をすることが重要である。

　健康増進計画を策定する上でまず最低限やるべき作業は，計画に関するデータの一覧表を作成することである。前回の健康増進計画でのデータや資料，前回の都道府県の健康増進計画，「健康日本21」の数値目標のデータ，参考にする自治体の健康増進計画のデータ，自自治体の独自の目標とデータ，食育基本計画，データヘルス計画など関連する計画のデータをまとめ，できるだけ他の計画と整合性を持たせながら次期の数値目標を設定することが重要である。第1章でも言及されているが，関連する計画については時系列をふまえた上で図示すると各々の関係を把握しやすくなる（図5-1）。

2　地域の健康課題の把握

　健康増進計画は，生活習慣病だけではなく，歯科やがんなどの領域も含む幅広いものであるため，国や都道府県の健康増進計画，データヘルス計画等の関連する計画と整合性をとって目標を設定するだけでも，非常に時間と手間がかかる。だからと言って関連する計画とつじつまを合わせることだけに注力しても，健康寿命の延伸などに繋がる計画になるとは考えにくい。

　事務的な負担が大きいことは覚悟の上で，義務的に計画を策定するだけではなく，一部分だけでもよいので本当に健康寿命を延伸できるような計画づくりを試みるべきである。そのためにはまず，第3章で述べられているように地域

の健康課題を把握することが必要になる。以下では医療費，健診データに関するデータの活用を中心に説明する

　ここで図5-2は，「健康日本21（第二次）」の推進に関する参考資料から引用したものである。厚生労働省は，「健康日本21」において病気や健診のデータだけを見るのではなく，さまざまなデータを繋げてみることを推奨している。

　(2)は「疾患」の層である。自地域で健康寿命に影響を及ぼしそうな重篤な疾患のうち何が多いのかを把握する。(3)はリスクの層である。たとえば脳血管疾患が多いとして，その疾患の原因となっているリスクは高血圧なのか，糖尿病なのか，それともそれ以外の要因なのかを健診データ等から推測する。(4)は生活習慣の層である。仮に糖尿病が多発していたとして，それは食生活のせいなのか，運動不足のせいなのか，リスクを下支えしている生活習慣は何なのかを問診表などから推察する。

　この3つにさらに死因（(1)SMR: Standardized Mortality Ratio 標準化死亡比）のデータも加えて，それぞれのデータを関連付けながら把握し，地域の健康課題を明らかにする。そのためにはレセプトや健診データなどの集計結果の入手経路や，データの所在を把握しておく必要がある。(2)〜(4)の主なデータはほぼKDB（国保データベースシステム）から入手できる。

　KDB（国保データベースシステム）やNDB（レセプト情報・特定健診等情報データベース）が出来るまで，レセプト情報は活用が難しいデータだった。あまりにも莫大なデータであるため，ExcelやAccessと言った標準的なソフトでは単純集計すら難しかった。このため，まず何のソフトを使ってファイルを開くか考えるところから始める必要があり，分析をするためのハードル自体が高かった。しかし，KDBの登場により，各自治体の担当者が医療費を容易に分析できるようになった。その意味でKDBは本当に画期的なツールであった。

　図5-3は厚生労働省が「データヘルス計画策定の手引き」で例示している医療費分析である。疾病大分類別にどの医療費が高いのかをグラフで示している。KDBでも同様の分析ができる。

　しかし，この分析では年齢調整がなされていないため，高齢化が進んだ地域

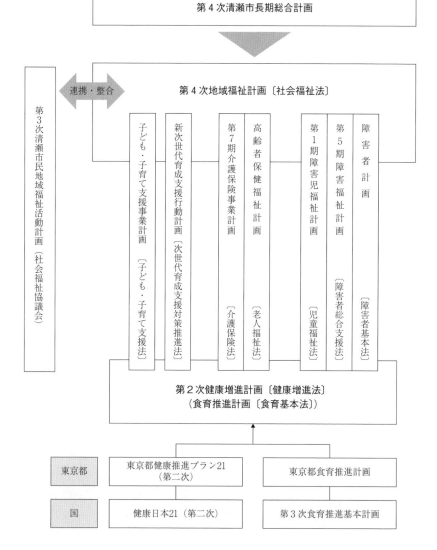

図5-1 東京都清瀬市の例

〔本計画の位置づけ〕

H29年度 2017年度	H30年度 2018年度	H31年度 2019年度	H32年度 2020年度	H33年度 2021年度	H34年度 2022年度	H35年度 2023年度	H36年度 2024年度
第 1 次	第 2 次健康増進計画（食育推進計画）						第 3 次

〔市の他計画及び計画期間〕

		計画	計画期間
市		第 4 次清瀬市長期総合計画	平成28～37年度（10年間） 2016～2025年度
	地域	第 4 次地域福祉計画	平成30～38年度（ 9 年間） 2018～2026年度
	子ども	新次世代育成支援行動計画	平成29～31年度（ 3 年間） 2017～2019年度
		子ども・子育て支援事業計画	平成27～31年度（ 5 年間） 2015～2019年度
	障害児・者	障害者計画	平成30～35年度（ 6 年間） 2018～2023年度
		第 5 期障害福祉計画	平成30～32年度（ 3 年間） 2018～2020年度
		第 1 期障害児福祉計画	平成30～32年度（ 3 年間） 2018～2020年度
	高齢者	高齢者保健福祉計画	平成30～32年度（ 3 年間） 2018～2020年度
		第 7 期介護保険事業計画	平成30～32年度（ 3 年間） 2018～2020年度
	健康	第 2 次健康増進計画 （食育推進計画）	平成30～35年度（ 6 年間） 2018～2023年度
		第 2 期データヘルス計画	平成30～35年度（ 6 年間） 2018～2023年度
		第 3 期特定健康診査等実施計画	平成30～35年度（ 6 年間） 2018～2023年度
社会福祉協議会		第 3 次清瀬市民地域福祉活動計画	平成28～33年度（ 6 年間） 2016～2021年度

出所：「第 2 次清瀬市健康増進計画（清瀬市食育推進計画）」（https://www.city.kiyose.lg.jp/_res/ projects/default_project/_page_/001/004/620/ 1 .pdf）より抜粋。

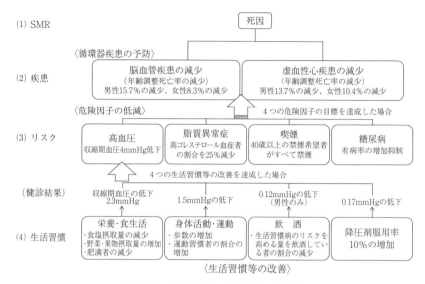

(1) SMR

〈循環器疾患の予防〉

(2) 疾患

脳血管疾患の減少
（年齢調整死亡率の減少）
男性15.7％の減少、女性8.3％の減少

虚血性心疾患の減少
（年齢調整死亡率の減少）
男性13.7％の減少、女性10.4％の減少

〈危険因子の低減〉　　　　　　　　　4つの危険因子の目標を達成した場合

(3) リスク

高血圧
収縮期血圧4mmHg低下

脂質異常症
高コレステロール血症者
の割合を25％減少

喫煙
40歳以上の禁煙希望者
がすべて禁煙

糖尿病
有病率の増加抑制

4つの生活習慣等の改善を達成した場合

（健診結果）

収縮期血圧の低下
2.3mmHg

1.5mmHgの低下

0.12mmHgの低下
（男性のみ）

0.17mmHgの低下

(4) 生活習慣

栄養・食生活
・食塩摂取量の減少
・野菜・果物摂取量の増加
・肥満者の減少

身体活動・運動
・歩数の増加
・運動習慣者の割合の
増加

飲　酒
・生活習慣病のリスクを
高める量を飲酒してい
る者の割合の減少

降圧剤服用率
10％の増加

〈生活習慣等の改善〉

図5-2　循環器疾患の目標設定の考え方
注：死因と左端の○付きの数字は筆者が加筆した。
出所：「健康日本21（第2次）の推進に関する参考資料」41頁
　　（https://www.mhlw.go.jp/bunya/kenkou/dl/kenkounippon21_02.pdf）

では多くの疾患が頻発しているような悪い結果が出て，逆なら良い結果が出
る。これがKDBの課題である。このため国保加入者が住民の1割程度しかい
ないような自治体で上記の分析をすると，あたかも病気が少なくとても健康な
街であるかのような結果が出る。これを避けるためにはすべてのデータの性・
年齢調整をする以外に方法はない。

　KDBから出力されるcsvデータをExcelファイルに貼り付けるだけで，
データを性・年齢調整した上で見やすくするツールを国立保健医療科学院生涯
健康研究部の横山徹爾部長が開発された。これを活用して地域の健康課題を見
つける取り組みが，関東を中心にして全国に広まっている。すでにご覧になっ
た方も多いと思うが，まだの方はぜひ，自地域のKDBデータをダウンロード
してツールを使ってみてほしい。

　以下では，本ツールの使い方を(1)SMR，(2)疾患，(3)リスク（健診結果），(4)

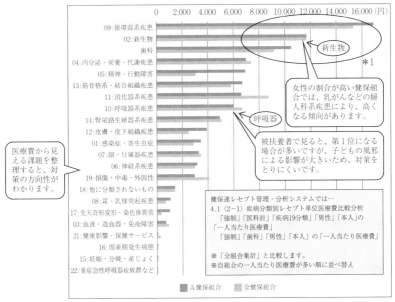

図5-3　医療費分析の例

出所：厚生労働省「データヘルス計画策定の手引き（改訂版）」53頁
　　　（https://www.mhlw.go.jp/file/06-Seisakujouhou-12400000-Hokenkyoku/0000201969.pdf）

生活習慣に分けて説明する。

(1) SMR（死因）

　図5-4は，国立保健医療科学院の横山徹爾氏の作成したツールを基にして筆者が加工したモザイク図作成ツールである。健診データ（特定健診等データ管理システムの健診データ FKAC167）を Excel に貼り付けると，このようなモザイク図が自動的に出来あがる。ここでは食べる速度が人と比較して「早い」「普通」「遅い」と答えた者のうち，高血糖（HbA1c ≧5.6%）の者の割合を棒グラフで示している。

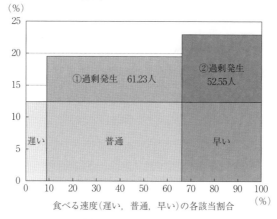

（HbA1c 5.6以上の割合）

図5-4　モザイク図の例
出所：「地方自治体における生活習慣病関連の健康課題把握のための
　　　参考データ・ツール集」より要因による健康問題の過剰発生の
　　　割合計算ツール（https://www.niph.go.jp/soshiki/07shougai/
　　　datakatsuyou/mainpage.html#Kajou)。

　まず，図5-4の棒グラフを見て，普通の棒グラフと何が違うのかを考えて
みてほしい。

　普通の棒グラフは棒の幅が一定だが，モザイク図では棒の太さが人数比に合
わせて変わる。つまり，図5-4の健診データでは，人より食べる速度が遅い
と答えた者と，普通と答えた者と，早いと答えた者の比率が1：6：3程度で
ある。棒の幅を人数比と合わせることで，棒の面積がそのまま高血糖の人数に
比例するようになる。よって，食べる速さが「普通」な者や「早い」と答えた
者を，「遅い」にすることができたら，単純計算で何人ほどの高血糖患者が減
るかを計算することもできる（図中①，②）。

　このモザイク図をSMRに適用したものが以下に挙げるツールである。

　図5-5において縦軸の長さは，期待死亡者数になる。仮に管轄地域が日本
全体と性・年齢構成がまったく同じならば，国全体の死者数の比率と同じにな
る。国全体よりも地域内に高齢者が多ければ高齢者に多い疾病の期待死亡者数

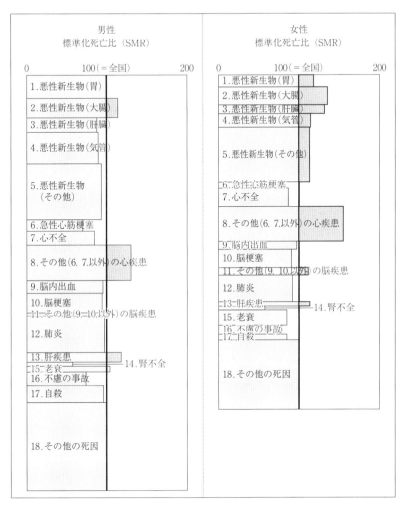

図5-5　SMR のモザイク図

出所：国立保健医療科学院 HP「地方自治体における生活習慣病関連の健康課題把握のための参考データ・ツール集」より「平成20〜24年　保健所・市町村別死因別標準化死亡比（SMR）と死亡数・過剰死亡数の見える化ツール」(https://www.niph.go.jp/soshiki/07shougai/datakatsuyou/data/h20-24-smr-mieruka.xlsm)

が増加するし，女性が多ければ女性特有の疾病の期待死亡者数が増加する。横軸の長さは SMR である。地域内の疾病の値が100であればちょうど国と同程度の死者数が出ていることを示す。仮に200であれば国の2倍，その疾病で死者が出ていることになる。

図5-4ではモザイク図の棒の面積が高血糖の人数を表していたのと同じように，図5-5では棒の面積が死者数を表している。SMR100を表す縦のラインよりも右にはみ出た部分が，国全体と比較したときの過剰死者数を表す。この面積が広い死因を減らすことが自治体にとって第一の目的となる。

⑵疾患（医療費）

まず，医療費適正化のための要点を確認する。

表5-1はある地域のレセプト病名を多いもの順に並べたものである。生活習慣病には下線を引いた。この表を見て分かるように，「頻出」「高額」「患者と協力して削減が可能」な病気は，生活習慣病しかないことが分かる。「H52

表5-1　頻出レセプト病名

ICD10	疾病，傷害及び死因の統計分類基本分類表
I10	本態性（原発性＜一次性＞）高血圧（症）
K29	胃炎及び十二指腸炎
E78	リポたんぱく＜蛋白＞代謝障害及びその他の脂（質）血症
H52	屈折及び調節の障害
E14	詳細不明の糖尿病
H522	乱視
J30	血管運動性鼻炎及びアレルギー性鼻炎＜鼻アレルギー＞
E785	高脂（質）血症，詳細不明
J06	多部位及び部位不明の急性上気道感染症
J304	アレルギー性鼻炎＜鼻アレルギー＞，詳細不明
K76	その他の肝疾患
H10	結膜炎

出所：筆者作成。

表5-2　高額レセプト

様式1-1　200万円以上となった個別レセプト一覧（医療費の高い順）

番号	被保険者番号	性別	年齢	入院・外来	費用額	基礎疾患				循環器疾患				
						高血圧症	糖尿病	脂質異常症	高尿酸血症	虚血性心疾患	（再）バイパス・ステント手術	大動脈疾患	脳血管疾患	動脈閉塞性疾患
1		男		入院		●				●	●			
2		男		入院		●	●			●	●			
3		男		入院		●							●	
4		女		入院			●							●
5														
6														
7														
8														
9														
10														
11														
12														
13														
14														
15														
16														
17														
18														
19														
20														
21														
22														
23														
24														
25														
26	▲				▲									

出所：「標準的な健診・保健指導プログラム（確定版）」の「第4編　体制・基盤整備，総合評価」（https://www.mhlw.go.jp/content/10900000/000496783.pdf）より。

屈折及び調節の障害」や「H522　乱視」を減らすために住民にレーシック等をさせることは無理があるし，花粉症（鼻アレルギー）を減らすために多くの患者にアレルゲン免疫療法を受けさせることも現実的ではない。

　表5-2は「標準的な健診・保健指導プログラム（確定版）[(1)]」に掲載されている表である。実際にこの表を作成してみると，高額レセプトは多くの生活習慣病が脳血管疾患などの重症化に繋がり，「いきなり入院」になっている例が多

表5-3　レセプト病名と医療費

病　　　名	人数	一人当たり医療費 （年）	総医療費（年）
糖尿病	900	690,000	620,000,000
虚血性心疾患	300	800,000	225,000,000
脳血管疾患	50	1,300,000	62,000,000
透　析	50	5,000,000	242,000,000

出所：筆者作成。

いことが分かる。医療費適正化において，早い段階で外来医療に繋ぎ，いきなり入院となる事態を避けるのが肝要であることが分かる。

　また，一般的にレセプト病名が増えれば増えるほど，医療費は高額化する。表5-3はある自治体のレセプトを集計し，端数を0としたものである。糖尿病だけを患っている場合の医療費は年平均70万程度で済むが，糖尿病性腎症，人工透析まで重症化すると，医療費はおおよそ500〜600万円ほどになる。ゆえに，重症化を早い段階で止めることが医療費適正化において重要である。

　それをふまえた上で，次の図5-6を見てみよう。

　図5-6は医療費のモザイク図である。縦軸が期待医療費となる。仮に管轄地域の性・年齢構成が日本全体と同じであれば，図5-6のそれぞれの疾病の縦軸の長さの比率は，国全体の医療費の比率と等しくなる。SMRのモザイク図と同じく，管轄地域の高齢化が進んでいれば高齢者に多い疾患の医療費は多くなるし，女性の割合が多ければ女性特有の疾患の医療費が多くなる（縦軸の長さが相対的に長くなる）。横軸はSMRと同じで，地域のある疾患の値が中央の線の値100であれば，日本全体と同程度疾患が生じており，200であれば日本全

────────────

（1）　科学的根拠に基づき健診項目の見直しを行うとともに，生活習慣病の発症・重症化の危険因子（リスクファクター）の保有状況により対象者を階層化し，適切な保健指導（「情報提供」，「動機づけ支援」，「積極的支援」）を実施するために作成された厚生労働省のプログラム。

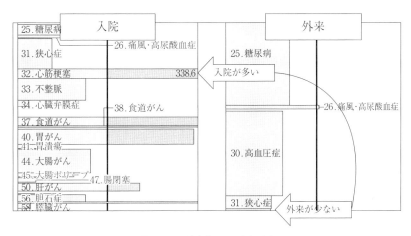

図5−6 医療費のモザイク図

出所：国立保健医療科学院 HP 「地方自治体における生活習慣病関連の健康課題把握のための参考データ・ツール集」より「医療費の疾病別内訳見える化ツール・KDB 国保版（細小（82）分類）」(https://www.niph.go.jp/soshiki/07shougai/datakatsuyou/data/Iryo-Uchiwake-seisyu-V1.70.xlsm)

体と比較して2倍ほど医療費がかかっていることを示している。中央の線より右側にはみ出している棒の面積が国の平均よりも過剰に発生している医療費を示している。SMRと異なり縦軸の単位は「人数」ではないが，見方は同じであり，右側にはみ出している面積が広ければ広いほど，大きな医療費が生じていることを示す。

　図5−6に示すように，外来医療費が国と比較して非常に少ないにもかかわらず，入院医療費が右に突出しているような疾患では，「いきなり入院」している患者が生じていると考えられる。これらの疾患は優先的に対応を検討しなければならない疾患であり，患者を早い段階で外来に繋ぐ工夫が必要である。ただし，「減らすことが可能な病気かどうか」は念頭に置いておく必要がある。たとえば自地域に精神病院などが多い場合，精神病の医療費が高くなる傾向がある。仮にこれが財政的負担だとしても，精神病院を他の地域に移動させることは現実的ではない。このような場合は冒頭に述べたように，「頻出」「高額」

表5-4　性・年齢調整した健診結果

男性		受診者	BMI				
			25以上	割合（%）	年齢調整（%）	標準化比（全国）	標準化比（県）
40～64歳	全国	988,853	342,260	34.6%	34.6%	100（基準）	＊116.3
	県	9,360	2,764	29.5%	30.0%	＊86.0	100（基準）
	地域（地区）	343	111	32.4%	34.0%	94.3	109.6
65～74歳	全国	1,445,120	373,236	25.8%	25.8%	100（基準）	101.5
	県	12,914	3,286	25.4%	25.5%	98.5	100（基準）
	地域（地区）	916	209	22.8%	22.9%	88.3	89.3
総数	全国	2,433,973	715,496	29.4%	29.4%	100（基準）	＊108.3
	県	22,274	6,050	27.2%	27.3%	＊92.4	100（基準）
	地域（地区）	1,259	320	25.4%	27.4%	90.3	95.4

出所：国立保健医療科学院 HP　「地方自治体における生活習慣病関連の健康課題把握のための参考データ・ツール集」より「厚生労働省様式（様式5-2）」年齢調整ツール（https://www.niph.go.jp/soshiki/07shougai/datakatsuyou/data/ageadj-koro 5 -2 -V1.6.xlsm）

「患者と協力して削減が可能」な疾患を優先的に取り扱うべきであろう。

　ここまで国と比較した場合の話をしてきたが，医療費については県と比較することも可能である。まずは社会環境が似ている県と比較し，そののち国とも比較するとよい。

(3)リスク（健診結果）

　健診結果から見るリスクについては，まず表5-4の右端の地域（地区）と標準化比（県）とが交わる部分に注目されたい（数字で言うと109.6，89.3，95.4の部分）。ここが県のデータと比較した標準化該当比となる。標準化該当比の見方は SMR と同じであり，県全体と同程度に肥満の者がいれば値は100となり，2倍肥満の者がいれば200となる。この数値が統計的に有意に高い／低いと数字に＊印がつく。

　ここで「統計的に有意」とは，「とても県の数値と同じとは考えられない」もしくは「県の数値と同じである確率は非常に低い」ことを示している。統計

表 5 − 5　性・年齢調整をした問診票

40～64歳

生活習慣 単位：%	総人数 地域	該当者割合 地域	同規模	県	全国	年齢調整割合 地域	同規模	県	全国（基準）	標準化比 vs 同規模（=100）	県（=100）	全国（=100）
服薬	360	25.6%	29.8%	27.9%	31.3%	24.8%	28.9%	27.4%	31.3%	87.6	91.5	＊79.8
既往歴	323	12.4%	6.8%	7.1%	6.7%	12.4%	6.5%	6.7%	6.7%	＊183.7	＊178.5	＊178.0
喫煙	337	35.3%	31.0%	34.8%	35.5%	35.5%	31.1%	35.9%	35.5%	113.3	98.1	99.9
週3回以上朝食を抜く	352	19.9%	15.1%	13.3%	16.6%	21.3%	15.7%	13.5%	16.6%	＊134.0	＊154.9	124.9
週3回以上夕食後間食	364	15.4%	15.5%	15.7%	14.6%	16.1%	15.6%	15.7%	14.6%	99.3	99.1	105.8
週3回以上就寝前夕食	342	22.2%	23.5%	22.5%	27.6%	23.9%	24.2%	23.1%	27.6%	94.2	99.0	81.4
食べる速度が速い	338	38.5%	39.1%	30.7%	37.9%	39.7%	39.4%	30.8%	37.9%	97.4	＊126.3	101.8
20歳時体重から10kg以上増加	356	44.7%	40.5%	43.5%	40.9%	45.2%	40.7%	43.6%	40.9%	110.2	104.3	110.5
1日1時間以上運動習慣なし	365	67.1%	48.9%	66.5%	49.4%	68.6%	49.4%	66.8%	49.4%	＊138.4	100.0	＊136.0
睡眠不足	329	51.4%	23.7%	30.0%	26.7%	51.5%	24.2%	29.9%	26.7%	＊219.9	＊173.2	＊198.6
1回30分以上の運動習慣なし	359	68.2%	68.0%	74.8%	74.7%	70.0%	68.9%	75.0%	74.7%	100.8	92.0	92.4
毎日飲酒	343	46.6%	44.2%	51.8%	45.1%	45.4%	43.9%	51.6%	45.1%	105.7	90.0	103.6
時々飲酒	352	20.5%	23.7%	18.5%	23.7%	21.9%	23.8%	18.8%	23.7%	86.7	108.2	87.4
1日飲酒量（1合未満）	255	53.3%	41.6%	39.9%	41.6%	54.2%	41.7%	39.9%	41.6%	＊126.3	＊133.7	＊127.8
1日飲酒量（1～2合）	257	38.1%	36.2%	35.9%	34.9%	38.1%	35.8%	35.7%	34.9%	105.2	104.9	107.4
1日飲酒量（2～3合）	263	22.1%	18.0%	17.3%	18.4%	23.0%	18.1%	17.3%	18.4%	123.3	128.2	119.1
1日飲酒量（3合以上）	250	11.2%	6.4%	5.3%	6.5%	11.5%	6.4%	5.4%	6.5%	＊180.6	＊212.6	＊176.9

男性

出所：国立保健医療科学院 HP「地方自治体における生活習慣病関連の健康課題把握のための参考データ・ツール集」より「質問票調査の状況」年齢調整ツール（https://www.niph.go.jp/soshiki/07shougai/datakatsuyou/data/ageadj-shitsumon-V3.6.xlsm）

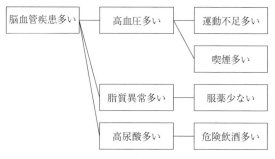

図 5 - 7　健康課題同士の繋がり

出所：筆者作成。

的に有意に悪い健診項目を見つけ，医療費のところで着目した問題と関連させながら，優先的な健康課題が何かを絞り込む。このデータについても，まずは社会環境が似ている県と比較し，その後で国の値と比較するとよい。

⑷生活習慣

　生活習慣についても検診結果と見方は同じで，まずは図 5 - 5 では県と比較し（右から 2 列目），次に国と比較する（一番右の列）。②リスク（健診結果）の項で説明した通り，値が100ならば県や国と同程度，その設問の該当者がいると考えてよい。

　統計的に有意に値が高い／低い場合は数値に＊印がつく。統計的に有意に悪い項目に着目し，今まで見てきたデータと繋げて優先的な健康課題が何かを明らかにする。図 5 - 7 （樹形図）のようなまとめ方をすると，健康課題同士の繋がりが分かりやすい。

　最後に KDB における各データの所在について図示しておく（図 5 - 8）。この図は KDB のシステムメニュー画面である。ここまでで用いたデータがKDB のどこでダウンロードできるかを図示した。それぞれ該当部分をクリックすることで csv ファイルがダウンロードできる。これを指定の Excel シートにコピー＆ペーストしファイル内のアイコンをクリックするだけで，容易に

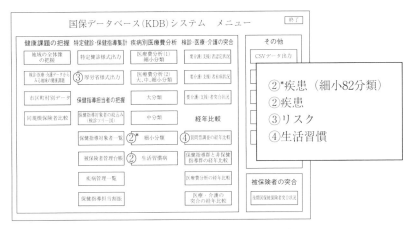

図5-8 KDBにおける各データの所在

注：○付きの数字は筆者が記入。
出所：KDB操作画面。

性・年齢調整済みの計算結果が得られる。

　ここまでのデータ分析によって優先的に取り組まなければならない健康課題が明らかになってきたと思う。健康増進計画の多くの目標は，ここまでで扱った健診データ，レセプトデータなどから設定することができる。仮に高血圧が問題ならば，特定健診から得られる高血圧のデータに基づき，積極的に改善のための目標を立てればよい。

　しかし，健康増進計画の中には独自に調査が必要となる項目が含まれる場合がある。その場合は管轄地域の住民を対象としたアンケート調査（社会調査）が必要となる。その場合，独自項目に漏れがないよう設問を作成する必要がある。たとえば，前回調査と設問の内容（文章，選択肢など）を統一しておくように留意する。前回との比較可能性を担保するためである。独自項目をすべて含めた調査票を完成したら，その中で最も調査がしづらい項目が何かを考える必要がある。

　筆者が健康増進計画策定に関与した自治体では，健康増進計画と食育基本計

表 5-6　サンプル数計算シート

①調べたいデータの該当率（例示では「朝食を食べる子供の割合」）と，③保ちたい誤差率を入力すると，必要なサンプル数が計算されます。

①朝食を食べる子供の割合	0.9	と	②調査人数(推定)	100	=	①②誤差率	0.033
	と						
③誤差率	0.05						
	‖						
①③必要サンプル数	44.44						

出所：筆者作成。設定した誤差率とおおよその推定値から必要サンプル数を計算できる（https://1drv. ms/x/s!Ah3KY7mYD8ZYiVHetUx1yzP3kAH_?e=VWYFmi）

画を同時に策定していた。そこで最も回答が得られにくいと想定されたのは「朝食を毎日食べる児童の割合」だった。このデータは児童がいる家庭からしか得られないためである。このように，最も回答が得られにくいと考えられる設問をもとに調査の規模（アンケートを何枚配布するか）を決定するとよい。その際に役に立つのがサンプル数計算シートである（表5-6）。

図5-9のシートでは①に最も回答が得られにくい設問の割合を想定して入力する。「朝ごはんを毎日食べる子どもの割合」であれば，先行研究から90%前後であることが分かっている。また，自地域内の小学校などでプレテストをすれば，より正確な数値が得られる。③の誤差率は一般的に3%から5%程度に設定する。仮に誤差率5%とすると，上の例では90%×0.05で±4.5%程度のブレが調査結果に生じると考えられる。誤差率を入力すると，その誤差率を保つためにはいくつサンプル数が必要なのかが計算される。仮に管轄地域内で児童を持つ家庭の割合が10%と想定されるなら，上記の必要サンプル数を10倍する。また，回答率が仮に3割程度だと想定されるなら，その数をさらに3.3倍する。

必要サンプル数が得られたら，できるだけ偏りなく管轄地域に無作為に調査票を配布する。たとえば住基番号順に並べたデータに乱数を付加し，上から必要サンプル数だけ調査票を配布する，といった方法を取る（単純無作為抽出で検

索すればいくつかの方法が例示される）。単純無作為抽出が難しければ，県民健康調査や国民健康調査などに上乗せして調査をすることを検討されたい。

　独自項目を含めたデータがすべて準備できたら，あとは目標を設定するのみである。目標値は科学的根拠に基づいて決定されることが望ましいが，現実的には難しく，国の指標もすべてが厳密な科学的根拠に基づいたものではない。このため，まずは地域診断に基づいて，地域の健康課題に対して重点的に目標値を設定する。ただし，現実とかけ離れた目標を立てる必要はなく，次の健康増進計画策定時までに達成可能な目標値を検討すればよい。

3　「健康日本21」における評価

　目標値が設定できたら，健康増進計画策定の作業自体は終了である。ただし，数年後には中間評価，次期計画策定時までには最終評価をする必要がある。それを見据えた評価の考え方について要点を押さえておこう。

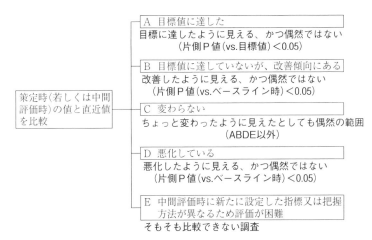

図5-9　「健康日本21」の評価方法
注：太字は横山徹爾先生による加筆。
出所：「健康日本21最終評価報告書」より抜粋。

表 5-7　性・年齢調整済み検定シート

ベースラインの値
重み付けによる（性）年齢調整平均

年齢階級[1]	人数	平均	標準偏差	標準誤差	基準人口[2]	平均の重み付け和	重み付け和の標準誤差[2]
男性							
20～29	516	11.70	5.50	0.24	15631	182882.7	14323501.69
30～39	671	12.00	4.80	0.19	18491	221892	11740342.1
40～49	643	12.70	5.10	0.20	15806	200736.2	10105861.33
50～59	816	13.40	5.80	0.20	19052	255296.8	14963975
60～69	771	13.50	5.40	0.19	15977	215689.5	9654362.731
70以上	755	12.30	5.10	0.19	18239	224339.7	11460285.77
全年齢	4172	12.70	5.30	0.08	103196	1300837	72248328.61
年齢調整値	―	12.61	―	0.08			
女性							
20～29	552	9.80	3.80	0.16	15631	153183.8	6391483.052
30～39	722	9.90	4.00	0.15	18491	183060.9	7577109.828
40～49	688	10.90	4.30	0.16	15806	172285.4	6714171.468
50～59	914	11.40	4.40	0.15	19052	217192.8	7688476.706
60～69	871	12.00	4.80	0.16	15977	191724	6752347.587
70以上	1045	10.80	4.60	0.14	18239	196981.2	6735989.78
全年齢	4792	10.90	4.40	0.06	103196	1114428	41859578.42
年齢調整値	―	10.80	―	0.06			
男女計							
全年齢	8964	11.70	4.90	0.05			
性年齢調整値	―	11.70	―	0.05			

出所：国立保健医療科学院 HP　「地方自治体における生活習慣病関連の健康課題把握のための参考データ・ツール集」より数値目標の評価用計算シート
（https://www.niph.go.jp/soshiki/07shougai/datakatsuyou/data/kenzo/hyoukasheet.xls）

表5-8　数値目標の評価用計算シート（検定結果）

	男性			
	平均	標準誤差	95％信頼区間	P 値
目標値	10			
ベースラインの値	12.70	0.08	12.54，12.86	
評価時の値	12.00	0.08	11.84，12.16	
変化幅	−0.70	0.12	−0.93，−0.47	0.000
ベースラインの年齢調整値	12.61	0.08	12.44，12.77	
評価時の年齢調整値	11.92	0.08	11.76，12.09	
変化幅	−0.68	0.12	−0.91，−0.45	0.000

出所：国立保健医療科学院 HP　「地方自治体における生活習慣病関連の
　　　健康課題把握のための参考データ・ツール集」より数値目標の評価用
　　　計算シート（https://www.niph.go.jp/soshiki/07shougai/datakatsuyou/
　　　data/kenzo/hyoukasheet.xls）

　仮に目標値が喫煙率15％だったとして，管轄地域の喫煙率がその値に一度で
も達したら目標を達成したと言えるだろうか。「健康日本21」ではそのような
考え方はしない。性・年齢調整をしたうえで検定という統計処理をして，偶然
ではなく目標値を超えたと考えられる場合にのみ，目標を達成したと判断す
る。ここで統計における検定の考え方をごく簡単に紹介する。たとえば運動習
慣があるものの割合が「A 目標値に達した」ことを示したい場合，その割合
が「目標値以下である」確率を計算する。この確率が非常に低い場合，目標値
以下だとはとうてい考えられないとして，「A 目標値に達した」と考える。

　図5-9は「健康日本21」における評価の考え方をまとめたものである。①
設問の聞き方が変わった場合や，以前のデータが存在しなかったために比較が
不可能な場合はEと判定される。比較が可能で，②検定をして結果が良く
なったとは考えにくい場合はD と判定される。③目標値に達していないと考
えにくい場合は A と判定される。④結果が悪くなったと考えにくい場合でA
以外の場合はB と判定される。⑤ここまででいずれの判定もなされなかったも
のはC と判定される。これと同じ考え方で設定した目標を評価できるよう
に，各目標について性・年齢別に平均，人数，標準偏差を計算しておこう（目

標値が割合（％）の場合は性・年齢別に割合と人数を算出されたい）。

　目標値の性・年齢別の平均，人数，標準偏差が分かれば，性・年齢調整をしたうえで検定をした結果を返してくれる Excel シートが国立保健医療科学院の HP で公開されている。

　図中の人数，平均，標準偏差の部分（実物の Excel ファイルでは青く塗られている）にベースラインと評価時の値を入力すると，性・年齢調整をしたうえでの検定結果が表示される（表5-7）。

　表5-8の「目標値」と書かれたセルの横に目標値を入力する。

　食塩摂取量のように，数値目標が小さいほうが望ましいものの場合，ベースラインの年齢調整値よりも評価時の年齢調整値が<u>大きく</u>，P 値が0.05を下回っていれば，「D 悪化している」と考えられる。また，正確な検定結果ではないが，ベースラインに目標の数値を入れて評価時の値のほうが<u>小さく</u>，P 値が0.05を下回っていれば，「A 目標値に達した」と考えられる。ベースラインの数字を元の計算結果に戻して，ベースラインの年齢調整値よりも評価時の年齢調整値が<u>小さく</u>，P 値が0.05を下回っていれば，「B 目標値に達していないが改善傾向にある」と考えられる。いずれの結果にもならなかった場合は「C 変わらない」となる（比較ができないケースはあらかじめ除いておく）。数値目標が大きいほうが望ましい場合は，3行上，5行上，7行上の下線を引いた「小さく」が「大きく」に，「大きく」が「小さく」になる。

　あなたが健康増進計画を担当する自治体の職員で，正確な計算の方法や理論が知りたい場合は国立保健医療科学院の「健康・栄養調査等各種データを用いた健康増進計画等の推進状況モニタリング分析技術研修」を受講されることを強くお勧めする。

　［謝辞］資料ご提供，ツールの利用許諾，原稿チェックをしていただいた国立保健医療科学院生涯健康研究部の横山徹爾部長に心より感謝申し上げます。

（藤井　仁）

あとがき

　稿を終えるにあたり筆者は，地方自治体にとって「計画策定」とは，地方自治を具現化していくためにぴったりの方策と考えるようになった。計画策定は，行政の立場で地域や住民の健康や暮らしをデザインしていくプロセスそのものであり，住民の意見を反映することが可能だからである。さまざまな読者の方がおられると拝察するが，私たちは，地方自治体の内外から計画策定に関心を寄せ，自分たちにできることを考えつつ，可能な範囲でそのプロセスに関わる努力を続ける必要がある。

　本書は，2019年度から日本学術振興会の科学研究費基盤B（課題名：保健医療福祉計画策定に必要な保健師の施策化能力向上のための教育プログラムの開発，課題番号：19H03972，研究代表者：吉岡京子）によって4年がかりで実施した全国調査や，開発した教育プログラムの内容をベースとして，新たに1年以上かけて書き下ろしたものである。共同研究者としてご指導・ご鞭撻いただいた5名の先生方（京都大学大学院医学研究科人間健康科学系専攻地域健康創造看護学の塩見美抄准教授，千葉県立保健医療大学健康科学部看護学科の細谷紀子准教授，兵庫県立大学看護学部の片山貴文教授，目白大学看護学部の藤井仁教授，同志社大学政策学部・大学院総合政策科学研究科の真山達志教授）には心から御礼を申し上げる。

　研究開始当時，計画策定に関するエビデンス自体が十分に整理されておらず，文字通り一から研究を行うことになった。しかし，全国調査が終了したタイミングで，新型コロナウイルス感染症のパンデミックが発生した。結局先生方とは，初年度の会議以後お会いする機会がほとんどないままであった。パンデミックによって本務がますます多忙になるなか，4年間研究活動の推進にお力添えいただいた先生方には，感謝し尽せない。また，コロナ対応で多忙を極めるなか，多くの保健師や関係者の皆様が，本研究に心を寄せていただき，お力添えいただいた。皆様方からのご協力がなければ，成果を上げ，本書を出版

することは不可能だった。ご協力いただいた全ての保健師と関係者の皆様に，心から御礼を申し上げる。

　共同研究者のうち，同志社大学の真山達志教授のご縁とお計らいによって，法律文化社に書籍化の企画をご相談させていただく機会を得た。書籍の出版は，実は非常に難しくなっている。出版社に企画を持ち込んでも，担当者に門前払いされてしまうこともある。しかし，法律文化社編集部の田引勝二氏や関係者の方々は，本書の企画について初めてご相談した時から，地方自治体における計画策定の重要性について深くご理解いただき，出版を力強くご支援いただいた。先生方の原稿の取りまとめにご尽力いただいただけでなく，複数回にわたる地道な校正作業も短期間で進めていただき，本書の出版にお力添えをいただいた。法律文化社の皆様にも，深く感謝を申し上げる。

　実は本研究は，保健師の施策化能力の解明という大きなテーマの一部を成すものである。筆者は2000年代初頭からこのテーマに取り組み始めたが，当初はまったく未開拓の領域であった。今や保健師による施策化は，重要な知識・技術の一つとして国家試験出題基準にも盛り込まれ，保健師学生が学習すべき項目となっていることに驚きを感じるとともに，多くの方が施策化のことを重要とお考えいただいていることに，心から感謝を申し上げる。大学院に入学した当時の筆者は，実体験に基づいて「住民ニーズに基づく事業化・施策化を進めるための方策を知りたい」と考えていたものの，研究のための言葉を十分に持ち合わせておらず，非常に曖昧な状態であった。恩師である東京大学名誉教授（現：大分県立看護科学大学理事長・学長）の村嶋幸代先生のおかげで，徐々にリサーチ・クエスチョンがクリアになっていったことを，昨日のように思い出す。今もなお勉強不足のため，ご迷惑をおかけし続けており，たいへん申し訳ない気持ちでいっぱいである。にもかかわらず，いつも温かくご指導・ご鞭撻をいただいている村嶋先生に，心から感謝を申し上げる。

　また，修士・博士課程の当時からお世話になっている保健師の皆様にご指導いただくご縁をいただけことも，たいへん幸運であった。「個別支援が，事業化・施策化の基盤だから」と，個別支援の重要性を教えてくださったのも諸先

輩方である。すでに現役を退いておられる方も多いが，さまざまな形で地域の健康づくりのために注力されている。介護保険の開始前の老人保健事業時代に，一から事業・施策を創り上げ，住民の健康づくりにご尽力されていたご様子を思い返すにつけ，保健師の仕事の意義を再考させられる。なかなか直接お礼を申し上げられないが，この場を借りて学生時代からご指導いただいている保健師の皆様にも感謝を申し上げたい。

　初期の拙稿を推敲し，的を射たご意見をいただいた東京大学大学院医学系研究科健康科学・看護学専攻地域看護学分野の本田千可子先生にもお礼を申し上げたい。本田先生の的確な助言と示唆のおかげで，読者にとって分かりやすい表現・内容に修正することができた。また，いつも裏方業務を万全に取り仕切り，支えてくださっている秘書の淺野園子氏，川口愛子氏，品川友里子氏にも感謝を申し上げたい。秘書の仕事は，家事と同様に，認められる機会は非常に少ない。しかし，秘書の皆様の堅実なお仕事ぶりのおかげで，出版事務をたいへん順調に進めることができた。御三方の絶大なサポートに，心から感謝を申し上げる。そして最後に，常に仕事に理解と応援を示してくれている家族にも謝意を表す。

　本書が，各地方自治体の計画策定や，住民の健康と幸福に資する制度設計の一助となればありがたい。日々ご多忙な読者の皆様のご健勝とご活躍を心から祈念申し上げる。

　2023年7月17日

吉 岡 京 子

人名索引

あ・さ 行

アーンスタイン，S.R. 86, 87, 89, 97
サイモン，H. 10
世古一穂 97

た・な・は 行

ドナベディアン，A. 58, 59, 73, 121

や・ら 行

矢代隆嗣 85
横山徹爾 130, 131, 146
ローゼンバーグ，M.B. 95

野沢和弘 88
林沼敏弘 89

事項索引

あ 行

アウトカム 59, 73, 121, 122
アウトプット 59, 121, 122
アンケート調査 107, 109-111, 114, 118, 141
委託 55, 56
医療費適正化 134, 136
インタビュー 108, 111-113
インパクト 121, 122

か 行

下位計画 30
カイ二乗検定 116
外部組織の立ち上げ 80-83
関係者・住民との協働や調整のコツ 91-100
期待値基準 60
基本計画 29, 36, 37, 39, 47-49
基本構想 29, 47, 48
行政内部の会議体設置 77-80
協働態勢の確立 73-77
緊急性 120
グループインタビュー 108, 109, 113
クロス表 116
計画策定 9-16, 26, 30, 33, 40-45, 51, 53, 64, 65,

68, 73-77, 84-86, 89-93, 97, 99, 103, 110,
119, 124, 126, 143
計画策定の流れ 37-43
計画の縦横の繋がり 33-36
計画の縦の体系 27-31
計画のビジョン 64-69
計画の横の体系 31-35
限界値基準 60
健康格差 77
健康寿命 77
健康増進計画の策定 125
「健康日本21（第二次）」 54, 55, 57, 123, 125-
127, 143, 145
健康の社会的決定要因 66
合意形成 92-94, 119, 120
合意調達 92-94, 99
効果・効率性 120, 121, 123
合規性 99
交渉の基本的な5つのステップ 95
国保データベースシステム →KDB
個別インタビュー 108, 109, 111, 112
コミュニケーション 96, 100
コンフリクト 95

さ 行

策定後のスケジュール　63
策定前年度の下準備　51
策定年度のスケジュール　57−63
事業　10, 11, 19−26, 28, 29, 37−40, 42−44, 105, 122
疾患（医療費）　134
実現可能性　120−123
実施計画　29, 39, 47, 49
実践課題　103−107, 122
質的な意見の可視化と活用方法　116−119
事務分掌　75
充足値基準　60
住民・実践者の声の積極的収集　107−113
住民参加　84−88
住民参加のはしご　86, 87, 89, 97
住民との協働　83−91
重要性　120
上位計画　28, 30, 37, 38, 43, 58
審議会　50, 51, 53, 57, 62, 80−83, 86
数値目標　126
ストラクチャー　59, 73
生活習慣　140
政策　10, 11, 19−29, 36−44, 103−105
政策・施策・事業の体系　24−26
政策課題　21, 48, 103−108, 114, 116, 119, 121−123
政策課題の合意形成　119
施策　10, 11, 19−22, 24−26, 28, 37−40, 42−44, 97, 122
施策課題　104
施策体系　39
全体スケジュール　47−51
総合計画　47, 48
相互参照　59

た 行

第一線職員　13, 15, 16, 74, 85
他者理解　96
単純無作為抽出　142, 143

地域診断　15
地方自治の本旨　4
地方自治法　4, 50, 63
地方分権　3−6, 12, 15, 33
テキストマイニング　118, 119
手続的責任　99
統合的交渉　94

な・は 行

ニーズ　88, 96
パートナーシップ　97, 98
パーパス　66, 67
パブリックコメント　62, 89, 90
ビジョン　64−69
評価　44, 54−57
評価指標　54, 58−61
プロセス　59, 73
分配上の交渉　94
ベースライン　146
ヘルスプロモーション　77, 89
包摂　86
法定計画　27, 36

ま・や 行

ミッション　66−68, 78
優先度判断　120−124

ら 行

リスク　138
量的な調査データの分析と可視化　114−116
ローリング　49

欧 文

KDB（国保データベースシステム）　56, 127, 130, 140, 141
KJ法　117
NDB（レセプト情報・特定健診等情報データベース）　127
PDCAサイクル　10, 55, 63
SMR（標準化死亡比）　127, 130−134, 136−138

執筆者紹介（執筆順，＊は編者）

＊吉岡京子（よしおか・きょうこ）　はしがき，第2章，あとがき

1975年　高知県生まれ。

東京大学大学院医学系研究科健康科学・看護学専攻博士課程修了。博士（保健学）。

現　在　東京大学大学院医学系研究科健康科学・看護学専攻地域看護学分野准教授（公衆衛生看護学，行政看護学）。

著　作　『スーパーバイズでお悩み解決！　地域における支援困難事例15』編著，医学書院，2016年。

『保健医療福祉専門職のための事業化・施策化のすすめ方』編著，クオリティケア，2018年。

真山達志（まやま・たつし）　序章，第1章

1955年　滋賀県生まれ。

1986年　中央大学大学院法学研究科博士後期課程退学。法学修士。

現　在　同志社大学政策学部教授。

著　作　『政策形成の本質──現代自治体の政策形成能力』成文堂，2001年。

『政策実施の理論と実像』編著，ミネルヴァ書房，2016年。

『行政は誰のためにあるのか──行政学の課題を探る』日本経済評論社，2023年。

片山貴文（かたやま・たかふみ）　第2章5

1965年　静岡県生まれ。

工学院大学大学院工学研究科博士後期課程修了。博士（工学）。

現　在　兵庫県立大学看護学部教授。

著　作　『保健医療福祉専門職のための事業化・施策化のすすめ方』共著，クオリティケア，2018年。

『根拠に基づく保健医療──健康政策と経営管理の判断決定の方法』共著，オーシーシー・ジャパン／じほう，2020年。

細谷紀子（ほそや・のりこ）　第3章

1970年　東京都生まれ。
2019年　千葉大学大学院看護学研究科博士後期課程修了。博士（看護学）。
現　在　千葉県立保健医療大学健康科学部看護学科准教授。
著　作　『保健医療福祉専門職のための事業化・施策化のすすめ方』共著，クオリティケア，2018年。
　　　　『最新公衆衛生看護学　各論1［第3版］』共著，日本看護協会出版会，2023年。

塩見美抄（しおみ・みさ）　第4章

1973年　大阪府生まれ。
2009年　神戸大学大学院医学系研究科保健学専攻博士後期課程修了。博士（保健学）。
現　在　京都大学大学院医学研究科人間健康科学系専攻准教授。
著　作　『保健医療福祉専門職のための事業化・施策化のすすめ方』共著，クオリティケア，2018年。
　　　　『ワークブック地域／公衆衛生看護活動事例演習』共著，クオリティケア，2019年。
　　　　『地域の強みを高める公衆衛生看護技術ポジティブヘルスのワザトレ』共著，医歯薬出版，2020年。

藤井　仁（ふじい・ひとし）　第5章

1970年　京都府生まれ。
2016年　横浜市立大学大学院医学研究科博士後期課程修了。博士（医学）。
現　在　目白大学看護学部教授。
著　作　『今日から使える特定健診・特定保健指導実践ガイド』共著，医学書院，2014年。

Horitsu Bunka Sha

保健医療福祉計画とは何か
—— 策定から評価まで

2023年11月30日　初版第1刷発行

編著者　　吉岡京子

発行者　　畑　　　光

発行所　　株式会社　法律文化社

〒603-8053
京都市北区上賀茂岩ヶ垣内町71
電話 075(791)7131　FAX 075(721)8400
https://www.hou-bun.com/

印刷：西濃印刷㈱／製本：㈲坂井製本所
装幀：仁井谷伴子

ISBN 978-4-589-04294-1

鳥野　猛編

新・初めての社会福祉論

A 5 判・176頁・2420円

社会福祉士や精神保健福祉士，保育士を目指す人に社会福祉の定義・理念から歴史，仕組み，現状までを資料を交えて解説。国家試験で問われる基礎知識を習得できるように工夫し，コロナ禍の生活困窮者の増加等，実態をふまえて叙述。

増田雅暢・小島克久・李　忻編著

よくわかる社会保障論

A 5 判・262頁・3190円

社会保障制度の目的，機能，構造や経済との関係を解説した概説書。ライフサイクルを踏まえて制度の歴史を整理のうえ，各国の制度解説，社会保障と住宅，社会保障と人口問題についての章も立てて解説。

伊奈川秀和著

社会保障の原理と政策
―アドミニストレーションと社会福祉―

A 5 判・270頁・3520円

社会保障の持続可能な制度構築に不可欠な理論と政策を論じる。原理を踏まえ，その政策の管理・運営論について，政策手段・当事者・実行過程の総論と各制度に沿った各論を解説。「生ける法」となるための政策マネージメントのあり方を考察する。

山本克司著

福祉に携わる人のための人権読本〔第2版〕

A 5 判・174頁・2640円

初版（2009年）以来の立法・法改正，判例の動向や，「ソーシャルワーカーの倫理綱領」改定等に対応。個人の尊厳を軸にした人権の歴史と理論をふまえて，福祉現場の具体的な事例を考えるポイント・視点を提供する。

新川達郎編

政　策　学　入　門
―私たちの政策を考える―

A 5 判・240頁・2750円

問題解決のための取り組みを体系化した「政策学」を学ぶための基本テキスト。具体的な政策事例から理論的・論理的な思考方法をつかめるよう，要約・事例・事例分析・理論紹介・学修案内の順に論述。

馬場　健・南島和久編著
〔Basic Study Books〕

地　方　自　治　入　門

A 5 判・270頁・2750円

地方自治を理解するうえで必須の歴史，制度論，管理論を軸に基本的事項と知識を，最新の情報を織り込みながら解説。丁寧な側注解説とクロスリファレンスによって全体を把握しながら学習できる初学者（現場含む）むけのテキスト。

―法律文化社―

表示価格は消費税 10%を含んだ価格です